人工智能
初中版

樊　磊　梁森山　主编
周茂华　刘艳娟　桑圆圆　副主编

清华大学出版社
北京

内 容 简 介

本书从人工智能的发展与应用，数据、算力和算法，监督学习，非监督学习，人工神经网络及对人工智能的思考等方面对人工智能进行了初步讲解。通过本书的学习，初中生能够了解人工智能相关知识和技术，激发对人工智能的兴趣。本书案例、项目难易适中，与学生实际生活联系紧密，与其他学科知识适度融合，让学生能够在实践中体验创造的乐趣。

本书适合初中生阅读使用，并可作为初中生人工智能入门教材。

图书在版编目（CIP）数据

人工智能：初中版/樊磊，梁森山主编.—北京：清华大学出版社，2020.7（2025.5 重印）
ISBN 978-7-302-55718-0

Ⅰ.①人… Ⅱ.①樊… ②梁… Ⅲ.①人工智能—初中—教学参考资料 Ⅳ.①G634.673

中国版本图书馆CIP数据核字（2020）第110406号

责任编辑：焦晨潇
封面设计：常雪影
责任校对：李 梅
责任印制：曹婉颖

出版发行：清华大学出版社
网 址：https://www.tup.com.cn, https://www.wqxuetang.com
地 址：北京清华大学学研大厦A座 **邮 编：**100084
社 总 机：010-83470000 **邮 购：**010-62786544
投稿与读者服务：010-62776969, c-service@tup.tsinghua.edu.cn
质量反馈：010-62772015, zhiliang@tup.tsinghua.edu.cn
课件下载：https://www.tup.com.cn, 010-83470410
印 装 者：涿州市般润文化传播有限公司
经 销：全国新华书店
开 本：185mm×260mm **印 张：**8 **字 数：**132千字
版 次：2020年8月第1版 **印 次：**2025年5月第9次印刷
定 价：45.00元

产品编号：086866-01

编　委　会

主　编

樊　磊　梁森山

副主编

周茂华　刘艳娟　桑圆圆

编　委（以姓氏拼音为序）

白　浩　丁文彪　黄　琰　孔　聪　刘子韬

罗化瑜　孟凡群　宋述强　田　密　汪玲玲

王同聚　王迎军　吴中勤　徐　燕　杨丽娜

杨现民　张少刚　赵　亮　钟晓流　周建设

朱　珂

前　言

习近平总书记于2019年5月16日在给国际人工智能与教育大会的贺信中指出："人工智能是引领新一轮科技革命和产业变革的重要驱动力，正深刻改变着人们的生产、生活、学习方式，推动人类社会迎来人机协同、跨界融合、共创分享的智能时代。把握全球人工智能发展态势，找准突破口和主攻方向，培养大批具有创新能力和合作精神的人工智能高端人才，是教育的重要使命。"

2017年7月8日，国务院发布了《新一代人工智能发展规划》。新一代人工智能除了继续用计算机模拟人的智能行为之外，还包括用更综合的信息系统（如互联网、大数据、云计算等）去探索更大、更复杂系统的行为，如制造系统、城市系统、交通系统等的智能化运行和发展。《新一代人工智能发展规划》还要求在中小学阶段设置人工智能相关课程，逐步推广编程教育，鼓励广大科技工作者投身人工智能的科普与推广。

自1950年图灵发表《计算机器与智能》以来，人类探索人工智能的大门便已悄然打开。在如今这个信息时代，随着计算机技术和互联网的发展，人工智能技术正在迅速崛起，不断地渗入生产、生活的方方面面，人脸支付、语音导航、智能翻译等人工智能应用层出不穷。未来，人工智能会与我们的生活息息相关，会成为引领未来的战略性技术，成为社会和经济发展的重要推动力。

同学们，如今你们正处于新一代人工智能的浪潮中，你们感受到了吗？面对风起云涌的时代洪流，我们需要做的是正确认识、激流勇进，在这惊涛骇浪中，牢牢把握正确的方向和机会，积极主动地上下求索。

本书共分为六个单元。第1单元介绍人工智能的发展、应用与思考。第2单元介绍人工智能的"三驾马车"——数据、算力和算法，数据的定义及处理数据的方法，编程语言Python。第3单元介绍利用监督学习的方法解决人工智能预测和分类问题，其中包括预测问题的算法——线性回归和非线性回归，分类问题的算法——决策树和 k 近邻算法。第 4 单元介绍利用非监督学习的方法做聚类和数据降维，其中包括聚类的算法——k 均值算法，维度灾难问题及其解决方法——数据降维。第 5 单元介绍人工神经网络的构造和相关算法，深度学习的框架，以便大家从里到外认识深度学习。第 6 单元对人工智能的影响和安全防范策略进行了剖析与思考，提醒大家正确看待人工智能的发展。

通过本书的学习，我们可以游历人工智能的历史长河，了解人工智能的潮起潮落；可以亲历各种人工智能案例项目，动手编程，了解人工智能背后的奥秘和原理；还可以学会用辩证的观点正确对待这一新兴技术，让其真正服务于生产、生活。在了解必要的基础知识的同时，鼓励同学们发挥想象力和创造力，设计出有自己想法和特色的人工智能作品，并在这一个过程中体验创造的乐趣。

为了更好地掌握人工智能的相关知识，在学习时，同学们需要注意以下几点：

（1）夯实基础知识。认真学习人工智能的基本概念和原理，才能对人工智能技术有深刻理解和全面的认识，为后面的技术应用打好基础。

（2）勤于思考，擅于实践。书中安排了相应的项目实现，同学们要利用已习得的知识，把它们迁移转化到具体的实际应用中，在动手操作中进一步理解每个知识点。

（3）积极探索，团队合作。人工智能这一名词及其背后的原理，对同学们来说都比较新颖，可能会出现理解困难或难以接受的情况。在学习时，应该积极主动地思考和发问，大胆请教，有积极探究和锲而不舍的精神，不断地取得进步。此外，在学习过程中，许多实践活动都需要分组完成，同学们应该在教师的指导下做好分工，发扬团队合作的精神，又好又快地完成任务。

同学们，让我们一起走入神奇的人工智能世界，探索其中奇妙无比的技术原理，一起感受人工智能的独特魅力，收获满满的惊喜吧！

编　者

2020年3月

本书配套资源包 .zip
（扫描可下载使用）

目　录

第 3 单元　我教你学——监督学习

第 4 单元　自学成才——非监督学习

第 5 单元　最强大脑——深度学习

第 6 单元　居安思危——影响与应对策略

第 1 单元
引人入胜——人工智能的故事

人工智能已经融入人们的生活：利用人脸识别技术，出入更快捷；通过语音搜索，阅读更方便；使用智能导航系统，出行更安全、贴心。

本单元我们将从身边的智能应用入手，体验人工智能技术与应用场景，研究人工智能的发展历史，了解日新月异的人工智能技术，从多角度探究、思考人工智能的智能实现，以一个面向未来的姿态，迈入智能时代。

第 1 课
遍地开花：人工智能与生活

情景导入（图 1-1-1）

图 1-1-1

思考

（1）小明一天的活动中，哪些用到了人工智能？

（2）你觉得生活中，还有哪些地方用到了人工智能？

1 什么是人工智能

人工智能（artificial intelligence，AI）是研究、开发用于模拟、延伸和扩展人的智能的理论、方法、技术及应用系统的一门新的技术科学。《辞海》界定人工智能为“用机器（主要指计算机）模拟类似于人类的某些智能活动和功能”。

❷ 人工智能的常见应用

人工智能发展日新月异，正慢慢走进人们的生活，在诸多行业得到深入而广泛的应用。

▶▶▶ 计算机视觉 ◀◀◀

计算机视觉是研究计算机模仿人类视觉系统的科学，即让计算机拥有类似人类视觉提取、处理和分析图像及视频信息的能力。

● 人脸识别

目前，人脸识别技术的研究比较成熟，已在很多地方得到应用，如火车站入站口、楼栋门禁（见图 1-1-2）、银行 ATM 机等。

图 1-1-2

● 无人驾驶

无人驾驶又称自动驾驶，是人工智能领域比较重要的研究方向。计算机视觉在无人驾驶中起到了非常关键的作用，如道路、路标、红绿灯、行人等的识别，还可以辅助汽车进行自主定位、导航以及合理路径的规划和决策（见图 1-1-3）。

图 1-1-3

▶▶▶ 自然语言处理 ◀◀◀

自然语言处理是计算机科学与人工智能领域中的一个重要技术发展方向，用自然语言与计算机进行沟通是人们长期以来追求的目标。

图 1-1-4

● 语音识别

语音识别技术就是让机器通过识别和理解将语音信号转变为相应的文本或命令的技术。语音识别已融入我们的日常生活，例如常用的语音拨号、语音导航、语音控制、语音检索、简单的语音输入等（见图 1-1-4）。2010 年后，深度学习的广泛应用使语音识别的准确率大幅提升，可以实现不同语言间的交流，如用中文说一段话，机器可立即将其翻译成另一种文字显示出来。

● 机器翻译

机器翻译技术是指利用计算机技术实现从一种自然语言到另外一种自然语言的翻译过程（见图 1-1-5）。基于深度神经网络的机器翻译在日常口语交流等一些场景的成功应用已经显现出了其巨大的潜力。随着上下文的语境表征和知识逻辑推理能力的发展，自然语言知识图谱不断扩充，机器翻译将会在多轮对话翻译及篇章翻译等领域取得更大的进展。

图 1-1-5

● AI 助教

教育是一个传统的行业，随着人工智能技术的发展，在教育领域中也可以探索出一些应用。例如，结合语音识别、数据挖掘、计算机视觉等技术，既可以在课堂中帮助学生快速理解知识，也可以在课后将学生的学习情况反馈给老师，帮助老师更有针对性地教学，从而提升教学效率（见图 1-1-6）。

图 1-1-6

> **▸▸▸ 决策系统 ◂◂◂**
>
> 决策系统是对具体问题通过列举可实施方案、分析比较等方式，为管理者做出正确决策提供帮助的智能型人机交互式信息系统。

● 智能医疗

人工智能技术能够为医生提供更好的决策基础，帮助他们更快、更有效地理解病案。例如，医生在拍摄X光检查时，智能医疗系统就像医生的第三只眼睛，只需数秒，便能够十分敏锐地捕捉到任何细节，自动识别并定位可疑病症，对一些可疑的位置进行标注，提醒医生复审可疑影像图像，再由医生做出进一步的诊断（见图 1-1-7）。

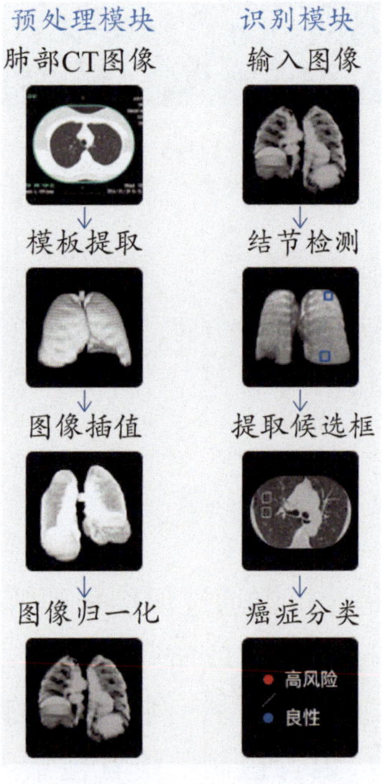

图 1-1-7

项目实现

人工智能项目体验——聊天机器人

- **项目准备（见图 1-1-8）**

图 1-1-8

- **项目过程**

（1）打开 mPython 软件，将模式切换到 Python 模式；单击运行按钮运行程序，开始聊天。

（2）单击 > 扩展 中的 ⊕ 添加 按钮，安装并加载“聊天机器人”模块到 mPython 中。

（3）单击菜单栏中的“文件”按钮，打开本地文件中的 chatbot 程序文件。

（4）单击右上角的“运行”按钮运行程序（见图 1-1-9）。

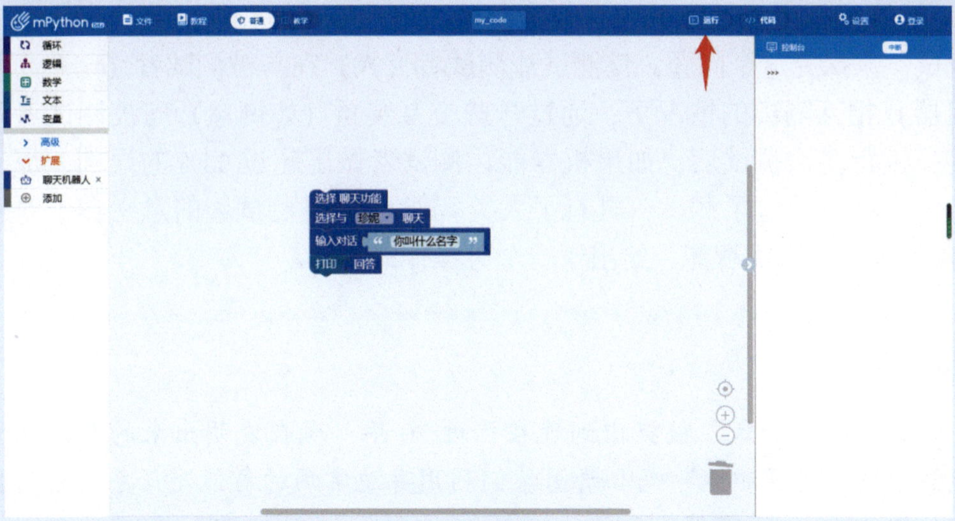

图 1-1-9

第 2 课
日新月异：人工智能的发展

情景导入（图 1-2-1）

图 1-2-1

“机器能思考吗？”英国科学家艾伦·图灵在 20 世纪 50 年代提出了“图灵测试”来探究这个问题。该测试让测试者（人）在与被测试者（一个人和一台机器）相互隔离的情况下，通过一些交互装置（如键盘）向被测试者随意提问，进行多次测试后，如果机器能让测试者做出超过 30% 的误判，那么就判定这台机器通过了测试，具有了人类智能。“图灵测试”的意义在于对检测“机器是否具有人类智能”给出了一个可操作的方法。

思考

从“图灵测试”被提出到现在已近 70 年，现在发明出来的智能机器能够通过“图灵测试”吗？请同学们利用身边常用的智能对话系统进行探究，例如 Siri、小度等。

❶ 人工智能的诞生

人工智能真正始于 1956 年美国达特茅斯大学举行的一场为期两个月的讨论会上，不同领域的科学家正式确立并首次提出了“人工智能”这个概念（见图 1-2-2）。

图 1-2-2

❷ 一波三折的探索

自从“人工智能”这个名词诞生后，人们对机器实现人类智能的研究便进入了早期探索时代，经过一波三折，现在人工智能已慢慢进入人们的生活（见图 1-2-3[①]）。

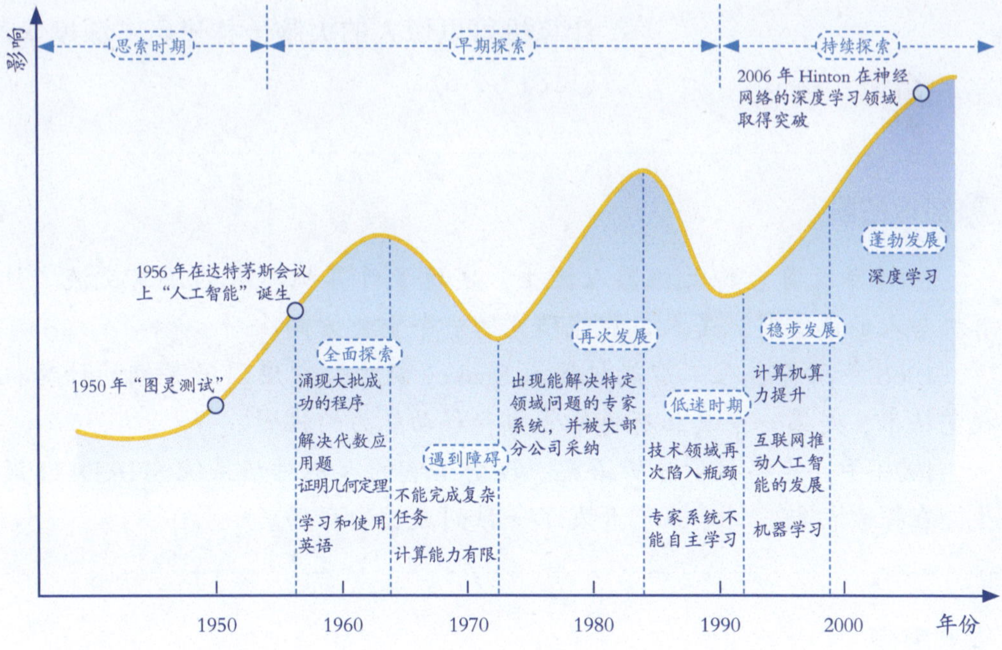

图 1-2-3

● 全面探索

自达特茅斯会议上提出“人工智能”之后，人工智能进入第一个大发展时

① 此图依据以下书籍文献绘制：《人工智能：一种现代的方法》（Stuart J. Russell, Peter Norving 著，清华大学出版社，2013 年 11 月）（参考第一单元标志性事件）；中国电子技术标准化研究院颁布的《人工智能标准化白皮书（2018 版）》（参考人工智能发展时间线及波动线和各阶段所遇到的问题）；《人工智能简史》（尼克著，人民邮电出版社，2017 年 12 月）（参考人工智能重要历史事件）。

期。在这一时期，研究人员认为人工智能是一台通用机器人，它拥有模仿智能的特征，懂得使用语言并形成抽象概念，能够对自己的行为进行推理，可以解决人类的实际问题。

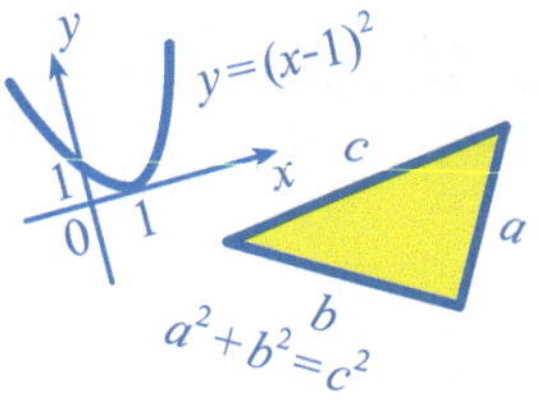

图　1-2-4

这一阶段，科学家们开始积极探索机器智能的实现，开发出了许多令人惊奇的程序用于解决代数应用题、证明几何定理、学习和使用英语等（见图 1-2-4），使人们对于机器智能的实现充满了信心。

20 世纪中期，McCulloch 和 Pitts 发现了大脑神经元“兴奋”和“抑制”的工作方式，提出了“神经网络”的概念，这让人们意识到计算机可以像人的大脑一样进行“深度学习”（见图 1-2-5）。

图　1-2-5

知识拓展

1964 年，首台聊天机器人诞生，实现了计算机与人的语言交流。计算机与人的语言交流是人工智能研究的一个重要方向。

1966 年，首台人工智能机器人 Shakey 诞生。它应用了早期的计算机视觉技术，是第一个真正有感知能力和移动能力的机器。

1970 年，能够初步分析语义、理解语言的人机对话系统 SHRDLU 诞生。在探索初期，科学家们开发了一系列成功的程序。

遇到障碍

20 世纪 70 年代之后，人们在运用人工智能解决一些实际问题时发现了很多问题，如归结法需要耗费大量时间，机器在下棋时也有赢不了的比赛，机器翻译逻辑混乱等。人们想要制造一台拥有人类智能的通用机器遇到了障碍（见图 1-2-6），此时机器智能的研究进入低潮期。

图　1-2-6

再次发展

一些科学家改变了对人工智能的过度期待，从希望机器能够解决所有问题，转变为希望机器能够解决某些特定领域问题。1977 年，科学家们开始了以知识为基础的专家系统的研究与应用。所谓专家系统，就是让计算机利用某个领域的专业知识对现象进行自动推理，从而模仿专家解决问题或提供解决问题的方案。

例如，在医学领域使用的专家系统。美国斯坦福大学开发出一个会看病的计算机程序 MYCIM。MYCIM 有一个知识库，存放着多个权威的医学专家提供的知识和经验，能够根据患者给出的症状判断其患有何种疾病（见图 1-2-7），MYCIM 一经问世就引起了世人的广泛关注。这一时期还陆续研制出了用于生产制造、财务会计、金融等多个领域的专家系统。

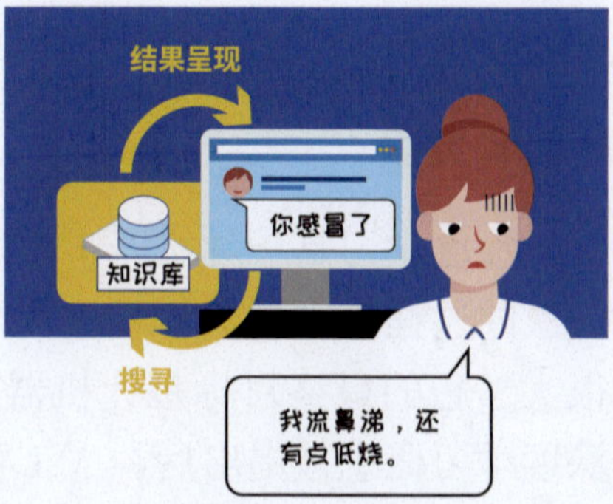

图 1-2-7

在这一时期，研究人员提出：机器为了获取真正的智能，必须具有躯体，它不仅需要有思考的能力，还需要有感知、行动以及与这个世界交互的能力。感知运动的能力对于机器实现推理至关重要，基于真实事物的推理能力比抽象能力更为重要，这也促进了未来自然语言、机器视觉的发展。

低迷时期

随着专家系统应用越来越多，其弊端也逐渐凸显。专家系统的运行需要输入从外界获得的大量知识，这个过程费时费力，且当时计算机处理数据的能力还未达到要求，知识获取遇到了瓶颈，人工智能又一次进入了低迷时期（见图 1-2-8）。

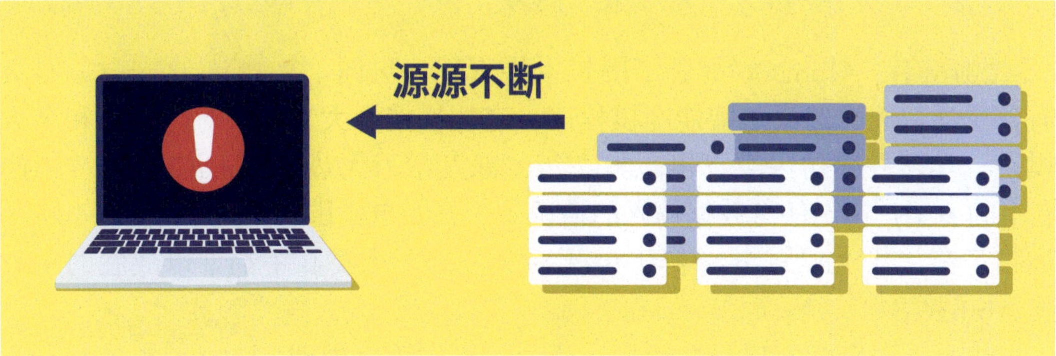

图 1-2-8

稳步发展

20 世纪 90 年代，人工智能仅限于模拟人类的思维，不具有完整的人类感知以及学习认知能力。随着互联网的兴起，知识共享变得极其方便，源源不断的知识通过网络互联的方式供计算机学习。另外，计算机性能不断突破，运算处理数据的能力大大增强。近几年，使用大量数据分析资料并进行机器学习的方法越来越多，也使得人工智能在分析与处理专业领域的问题上有所突破。

蓬勃发展

深度学习是一种机器学习的算法，是机器学习样本数据的内在规律和表示层次的过程。在这些学习过程中获得的信息对机器识别文字、图像、声音帮助很大，它的最终目标是让机器能够像人一样具有分析学习的能力。自 2006 年深度学习概念被提出后，人工智能有了突飞猛进的发展。将深度学习应用到语音识别，识别的错误率下降了 20%~30%；将深度学习应用到图像识别，识别的错误率下降了约 14%。

2011 年，Watson 参加智力问答节目战胜了两位人类冠军（见图 1-2-9）。Watson 存储了大量数据，能够将与问题相关的关键词从相关的答案中抽取出来。这一人工智能程序已被 IBM 广泛应用于医疗诊断领域。

图 1-2-9

2016 年，AlphaGo 战胜了围棋世界冠军（见图 1-2-10）。AlphaGo 是具有自我学习能力的人工智能围棋程序，它能够搜集大量围棋对弈数据和名人棋谱，学习并模仿人类下棋。2017 年，深度学习大热。AlphaGoZero（第四代 AlphaGo）在无任何数据输入的情况下，开始自学围棋，3 天后便以 100∶0 横扫了第二代 AlphaGo，学习 40 天后又战胜了人类高手都难以战胜的第三代 AlphaGo。

如今，深度学习已经在图像、语音、自然语言处理、CTR（click-through

图 1-2-10

rate）预估、大数据特征提取等方面获得了广泛的应用。

现在，许多人认为人工智能的时代已经来临。我们期望机器能够和人类一样对世界进行感知和交互，通过自我学习的方式对所有领域进行记忆、推理并解决问题。

思考

（1）人工智能发展至今，与什么技术是分不开的？

（2）什么是机器学习？其与深度学习的关系是什么？

由于技术尚未成熟，人工智能还达不到常人思考的水平。我们现阶段的人工智能大都处于限制领域的人工智能或称应用型人工智能，是指专注于且只能解决特定领域问题的人工智能，例如会下棋的 AlphaGo，我们无法让它去倒一杯咖啡。

至今，关于人工智能的研究，我们仍在努力探索中（见图 1-2-11）。

图 1-2-11

第 3 课
发人深省：人工智能是否足够智能

自“图灵测试”后，人工智能慢慢出现在人们的视野中。时至今日，我们身边处处可见的智能产品昭示着人工智能的热潮已经来临。而如今需要思考的问题是“人工智能是否足够智能？”

活动一

认知与想象

1 沙漠中的碗

大圣与齐齐一起去撒哈拉大沙漠游玩，不慎与旅游团队走失，生存必备品全部在旅游团的车上，两人陷入了困境。大圣想在沙漠中自制取水器，但需要盛水的器具——“碗”，于是大圣开始在沙漠中到处寻找“碗”，齐齐却不慌不忙地拿出了自己的智能机器，让它去找“碗”。不一会儿，大圣找到了一片塑料膜，但许久不见智能机器自动返回，齐齐只好将智能机器召回，发现它无功而返。大圣利用那片塑料膜自制了一个“碗”，最后制取到了水。

辩一辩

你认为人和机器谁对于事物的认知更好？为什么？

▶ 想一想，什么叫作“碗”？机器如何识别“碗”？

▶ 为什么大圣能够找到“碗”，智能机器却无功而返？

② 传说的龙

中国人常被称为龙的传人，龙在现实生活中真实存在吗？我们都知道龙并不存在，现在所知道的龙的形象综合了各种动物的特征（如鹿角、牛头、驴嘴、虾眼、象耳、鱼鳞、人须、蛇腹、凤足等，见图 1-3-1），是人类通过真实世界中的具体动物的某些特征想象出来的，人们还把各种美德和优秀的品质都集中到龙的身上，衍生出了各种关于龙的传说。

图 1-3-1

▶ 人类可以根据自己的经验（看到的或听到的），结合想象力，创造出新的事物；机器在自己获得经验（一些数据）的基础上，会具有创造性吗？

活动二

谁是最强大脑

人脑与计算机在本质上有着显著区别，一般不做同类比较。但是，当讨论运算、存储等某些方面性能时，人们总是试图在人脑和计算机之间做某种非严格意义上的对比。表 1-3-1 是对 IBM 蓝色基因超级计算机、2008 年典型的个人计算机和人脑的可用原始计算资源的粗略比较。

表 1-3-1

项　目	超级计算机	个人计算机	人脑
计算单元数	10^4 核 CPU 10^{12} 个晶体管	4 核 CPU 10^9 个晶体管	10^{11} 个神经元
存储单元数	10^{14} 比特 RAM 10^{15} 比特磁盘	10^{11} 比特 RAM 10^{13} 比特磁盘	10^{11} 个神经元 10^{14} 个突触
工作频率 /Hz	10^9	10^9	10^3

从表 1-3-1 中可以看出，计算机具有比人脑快 100 万倍的工作频率，但人脑用比计算机更多的存储和相互连接弥补了这方面的不足。虽然最大的超级计算机具有类似人脑的容量，但人脑在运行时并不会同时使用所有的神经元。

辩一辩

一台具有无限容量的计算机，能否实现人脑级别的智能？

活动三

情 绪 判 断

人的需要可以支配人的情绪和情感，当外界事物正好满足人的需要时，就会产生愉快的体验，否则就会产生消极的体验。

❶ 机器如何判断人的情绪

● 准备（见图 1-3-2）

图　1-3-2

● 过程

① 建立人脸数据库 >> ② 建立人脸识别模型 >> ③ 输入待测试图片 >> ④ 输出结果

此步骤需要大量的人脸图片用于面部的数据采集。可以利用各类拍照设备拍摄多张各种角度的人脸图片，并统一存放在一个文件夹中。提供的人脸照片数量越多，检测结果的准确度越高。

根据人脸数据库提供的图片数据，通过算法建立人脸识别的模型。

利用数字媒体设备，拍摄待测试的人脸，传送给机器进行处理后，与数据库的人脸特征进行对比。

经人脸识别后输出的结果是与数据库中的人脸对比后的相似度，是一个具体的百分数。在程序中可以利用该结果，设计更多丰富的输出效果。

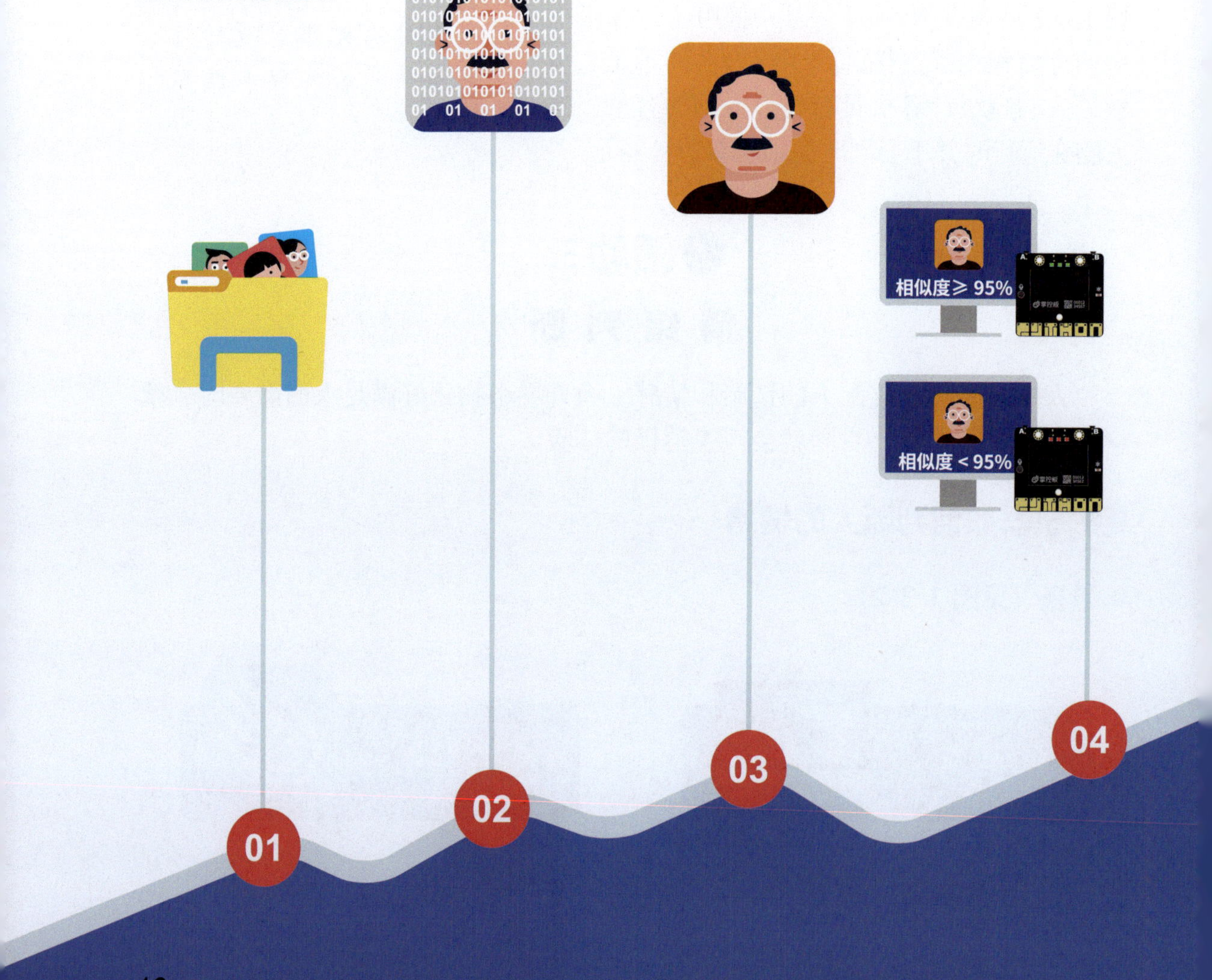

● 示例程序（见图 1-3-3）

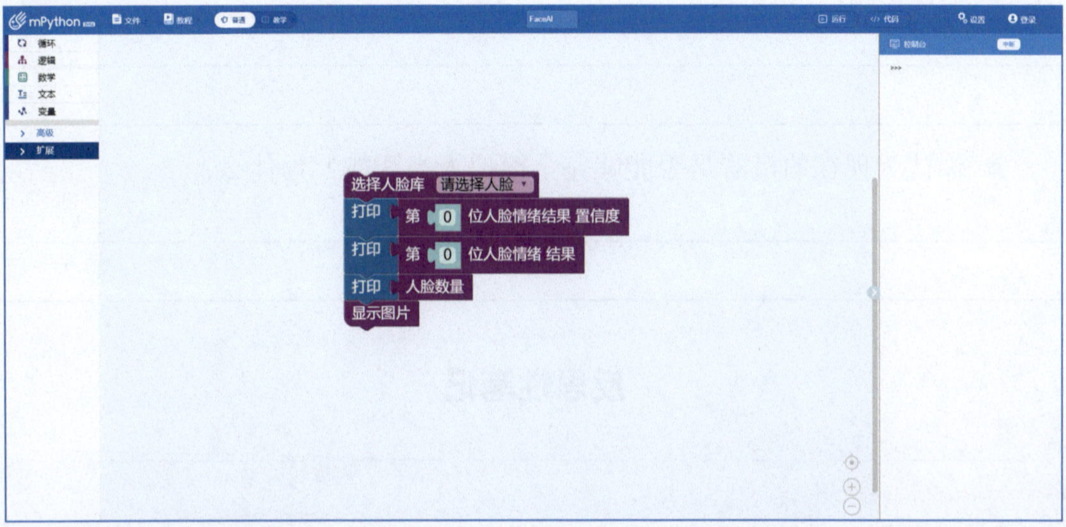

图 1-3-3

② 情绪判断实验

表 1-3-2 提供了两个成语，同学们俩人一组，一位同学用面部表情演绎所给成语，另一位同学根据该同学面部表情判断人的情绪，并将结果写在第二列；用计算机（或手机）识别人脸判断人的情绪，并将计算机（或手机）判断的结果写在第三列。实验结束后，回答后面的问题。

表 1-3-2

人的情绪（开心 / 难过）	人识别	机器识别
喜极而泣		
强颜欢笑		

▶ 自身需求的满足与否会影响个人的情绪，机器（计算机或手机）的需要和动机是人为的还是机器自身产生的？请选择你认为正确的选项并在下面打“√”。

人赋予机器特定需要　　**机器自身需要**

▶ 如果机器没有人的情绪，那么机器是如何判断人的情绪的呢？这种判断方式是否正确？

____

____

▶ 你认为现在的机器是否能够完全模拟人类智能？为什么？

____

____

反思性笔记

我认为机器（足够/不够）智能，因为______________________

____

____

____

____

____

如果机器想要变得更加聪明，我认为它需要________________

____

____

____

____

____

总结与评价

1．以下是本单元的思维导图，请同学们对照图中的内容进行总结。

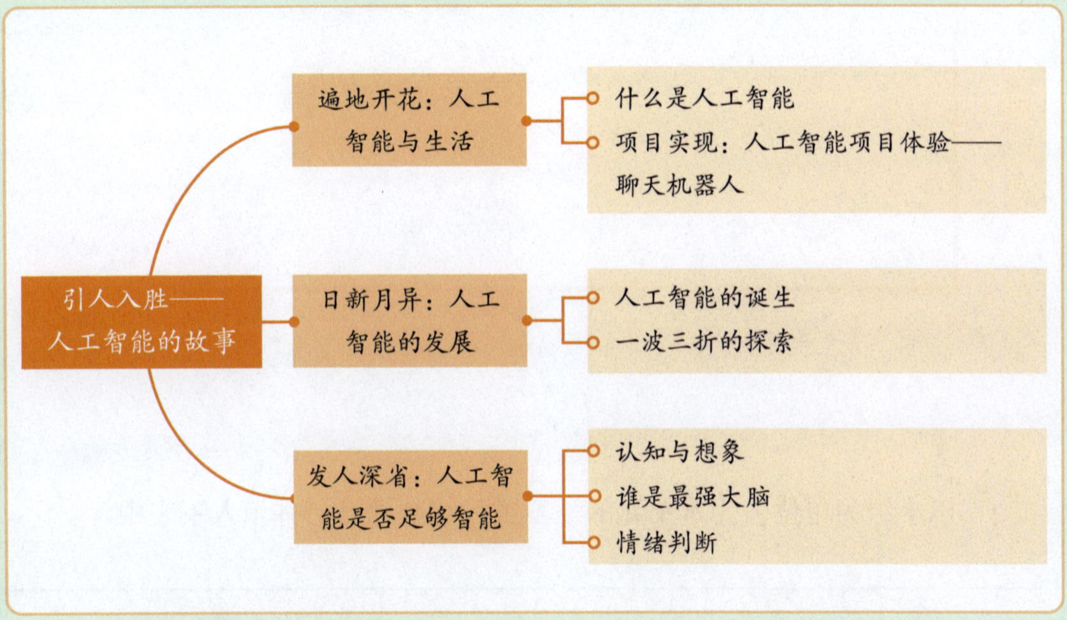

2．请同学们根据本单元学习的内容，完成以下练习。

(1) 用自己的话描述什么是人工智能，并列出你认为重要的关键词。

关键词：

(2) 请你在下图的时间轴上画出人工智能的发展历史。

3．以小组为单位，为本单元的学习进行综合评分，并填入下表中。

评价内容	评　分
领会什么是人工智能	☆☆☆☆☆
清楚人工智能的发展历史	☆☆☆☆☆
能够举例说出语音识别在生活中的应用	☆☆☆☆☆
能够辩证地看待机器是否足够智能的问题	☆☆☆☆☆
能够解决项目实践过程中遇到的问题	☆☆☆☆☆

本单元令我印象深刻的内容是________________

____

____

____

第 2 单元
三足鼎立——人工智能三要素

人工智能的概念从 1956 年在达特茅斯会议上被提出以来，几经波折，现在进入了快速发展阶段。今天，每时每刻都有大量数据产生；科技水平的提高使得芯片技术不断提升，计算机的算力飞速增长；以深度学习为代表的优秀算法出现。数据、算力、算法三者互相支持，协力推动人工智能技术不断向前发展。

本单元将从数据、算力和算法出发，从不同的角度了解人工智能，从而对人工智能有一个更为全面的认识。

第 1 课
万世基石：数据

情景导入（图 2-1-1）

图 2-1-1

思考

远古时期，随着生产、生活的需要，人们开始尝试用一些简单的方法记录事情，这就是最早数据的雏形。想一想，祖先们可能会用哪些方法记录数据呢？

1 认识数据

数据就是对客观事物的逻辑总结和归纳。例如，当天气转凉，树叶变黄时，人们就会说秋天来了。这就是人们根据生活经验加上对天气的观察而总结得出的数据。

牛刀小试

市政府计划在某地建一处中心公园，为了能更好地服务于市民，政府向社会公开征求公园种植的植物种类。你能以城市小主人的身份，向大家推荐一些你认为合适的植物吗？

将你推荐的植物名称及理由写在表 2-1-1 中。

表 2-1-1

植物名称	推荐理由
	推荐人：

数据的类型

人们总以为数据就是数字，实际上，数据除了包括狭义上的数字，还包括任何可以表达一定意义的符号（见图 2-1-2）。

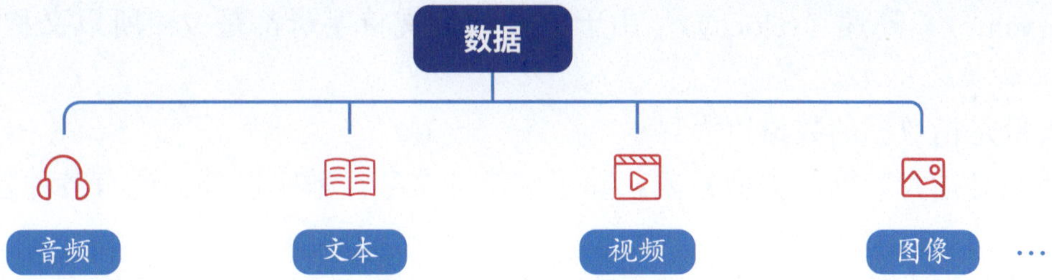

图 2-1-2

2 数据和信息

信息论的创始人克劳德·香农认为信息是用来消除不确定性的东西的。信息量的大小可用消除不确定性的多少来表示。知道的新信息越多，信息量也就越大；反之则越小（见图 2-1-3）。

图 2-1-3

数据是信息的载体，信息则是数据所表示的意义。单纯的数据不能表达具体的含义，只有对其进行处理或赋予其具体的情境后，这些数据才会成为有意义的信息。

思考

当今时代，随着互联网的诞生，数据开始以惊人的速度增长，各种各样的信息交错在一起，变得越来越错综复杂，非常不利于人们快速找到自己需要的信息。人们希望能有更快的方式获取自己需要的信息。想一想，如果是你，你会怎样快速找到自己需要的信息？

3 大数据

人们普遍认为大数据具有四个特征，即大量（volume）、类型（variety）、价值（value）、高速（velocity），由于它们的英文首字母都是 V，所以又称 4V 特征。

大量是指数据的数量巨大。

类型是指大数据的类型繁多。除了传统的文字、数字以外，还有各种各样的形式。

价值是指大数据的应用价值很高，但价值密度却很低。大数据好比一座图书馆，只有特定的书是所需的，而这本书在偌大的图书馆里堪称沧海一粟（见图 2-1-4）。

高速是指处理速度快。尽管数据量庞大，处理难度很高，但依旧能在短时间内精准地将需要的数据呈现在眼前，比如“双十一”电商平台的实时销售额统计（见图 2-1-5）。

图 2-1-4

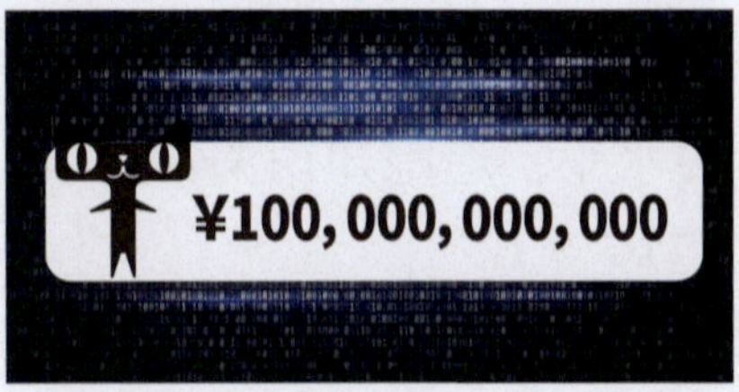

图 2-1-5

思考

正是因为大数据有这些显著特征，才与传统数据区分开来，成为当下一项热门的新兴研究技术。大数据和人工智能相结合，两者共同发展，已取得斐然的成果，广泛运用于人们的生活中。

查询课外资料，想一想我们身边哪些地方有大数据的身影。

大数据发展至今，已渗透人们生活的各行各业，在推动行业不断创新发展的同时也在逐渐改变着人们的生活方式。

● 消费购物

通过分析客户的爱好、消费习惯及消费趋势，购物平台能为客户提供更为精准的服务。例如，用户平时浏览购物网站，在某一个时刻搜索某件产品之后，下一次打开该购物网站，首页会自动推送类似的商品，在之后一段时间里，该浏览器两侧的广告栏中也会不断出现用户可能需要的东西，或是曾经搜索过的东西的产品广告，引导用户进行消费（见图 2-1-6）。

图 2-1-6

● 教育大数据

俗话说“活到老，学到老”。在技术发展日新月异的今天，学习更是贯穿人生的永恒话题。教育按年龄阶段划分，包括学前教育、义务教育、高等教育、职业教育；按流程划分，包括教、学、考、评、管。所有的阶段和流程都会产生大量的数据，这些数据的有效利用，可以在学习管理、学习评测、教学辅导、教学认知等环节为教师制定更加符合学生知识水平的学习方案提供帮助，为学生诊断学习水平，追踪知识漏洞，规划学习路径（见图 2-1-7）。

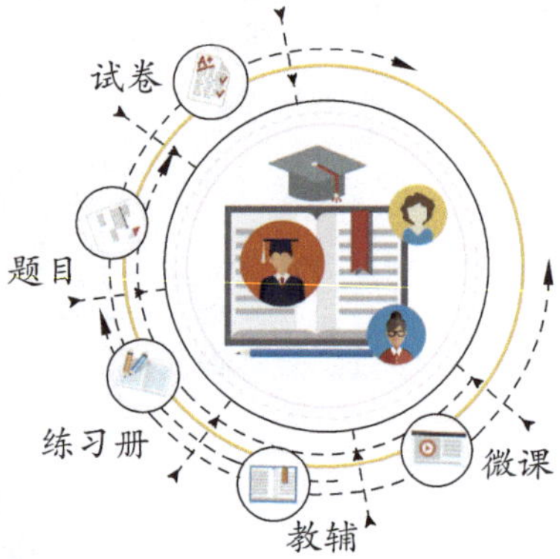

图 2-1-7

● 智慧交通

一座城市的交通数据十分庞大且冗杂，为了保证道路的通畅，交通管理部门必须时刻进行调控。交通管理部门可以通过大数据大概计算出不同时段、不同路段的参数模型，从而有针对性地设计应对方案，科学分配交警人员，预防道路安全事故的发生，调整公交车和地铁的发车班次与时间，减轻城市道路压力，缓解交通拥堵的现象（见图 2-1-8）。

图 2-1-8

除了上述应用领域之外，人工智能和大数据的应用已经渗入工业、农业、医学、国防、经济、教育等多个领域。随着我国大数据战略的实施，大数据在未来必将产生重大而深远的影响。

思考

在大数据技术广泛运用的今天，人们在享受大数据带来的便利的同时，也面临着隐私泄露的威胁（见图 2-1-9）。如何正确看待大数据这柄“双刃剑”，让它更好地为我们所用呢？

图 2-1-9

第 2 课
聚沙成塔：数据处理

情景导入（图 2-2-1）

图 2-2-1

思考

（1）图中的主人公收集到了许多数据，这些数据可以从哪里收集呢？

（2）你有什么好方法可以让杂乱无章的数据变得有条理吗？

数据的类型多种多样，处理方法也不尽相同，但数据处理流程基本一致，主要可以分为数据采集、数据整理、数据分析和数据呈现四个环节。

❶ 数据的采集

数据的采集是指根据需求获取所需要的数据。例如，采集降水数据预测未来的天气，收集不同学生的考试成绩评判学生对知识的掌握程度等。

采集数据的首要工作就是明确自己采集数据的目的，从而确定数据来源。

牛刀小试

体育老师需要统计班上男生和女生 800m 跑的成绩，方便在以后的课程中有针对性地提高学生的耐力水平。

如果你是一位体育老师，你认为需要采集哪些方面的数据？请填入图 2-2-2 中。

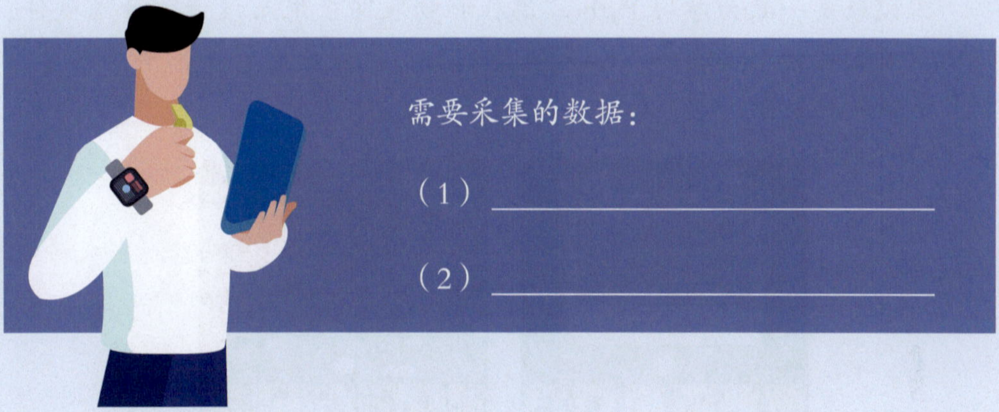

图 2-2-2

有了清晰的数据采集目标之后，需要有选择地采集数据，也就是确定数据来源（见图 2-2-3）。

图 2-2-3

当明确知道采集数据的需求和来源之后，需要选取合适的方法采集数据（见图 2-2-4）。

图 2-2-4

传统采集数据的方法，相对来说费时费力，而且采集到的数据容易出现错漏。利用传感器和物联网采集数据，简单、快捷且准确度较高，是目前数据采集的普遍方法。例如，通过麦克风采集声音，通过摄像头采集画面等。

知识拓展

掌控板是一款为学习 Python 编程和物联网应用而设计的开源硬件，搭载了丰富的传感器套件，如光线传感器、声音传感器等，单板即可实现日常数据的采集工作（见图 2-2-5）。

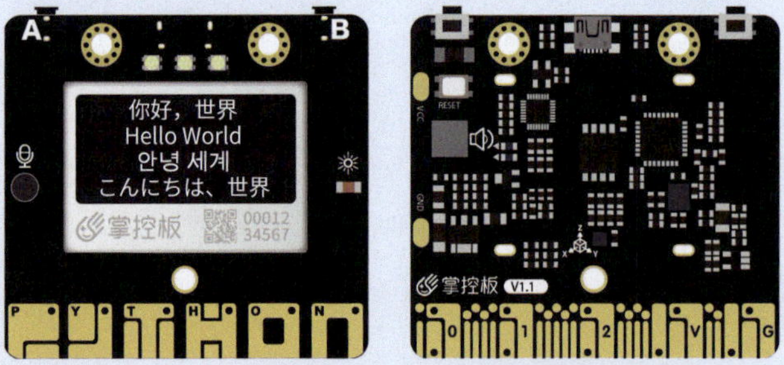

图 2-2-5

2 数据的整理、分析和呈现

初步采集到的数据往往杂乱无章，难以找出所需要的信息。有没有更好的办法可以从采集到的数据中快速提取想要的信息呢？

将杂乱无序的数据，按一定规则归纳起来的过程就是数据整理。在整理的过程中，通常还需要补全数据，删除重复数据，统一数据格式并确保数据的准确性（见图 2-2-6）。

图 2-2-6

通过数据整理可使数据更便于查找。但这还不够，需要从整理好的数据中进一步提取出所需要的信息，这就是数据分析。数据分析的根本目的是从数据中提炼出需要的信息，比如调查对象的现状、发展历程以及事物的未来发展趋势等。

图 2-2-7

数据分析离不开强劲的算力支持（见图 2-2-7）。算力是指计算能力的强弱，它是衡量芯片性能的一个重要指标（见图 2-2-8）。

图 2-2-8

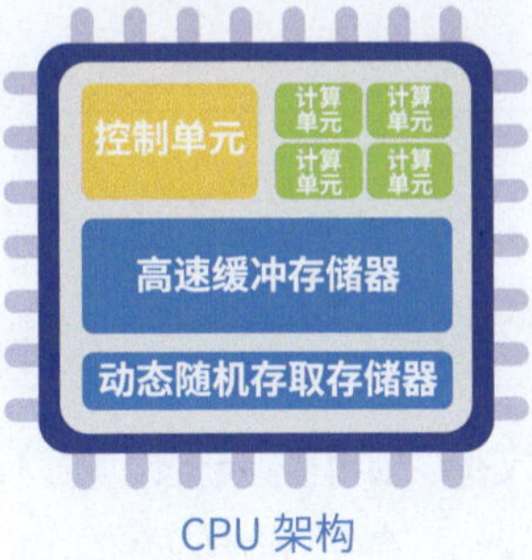

图 2-2-9

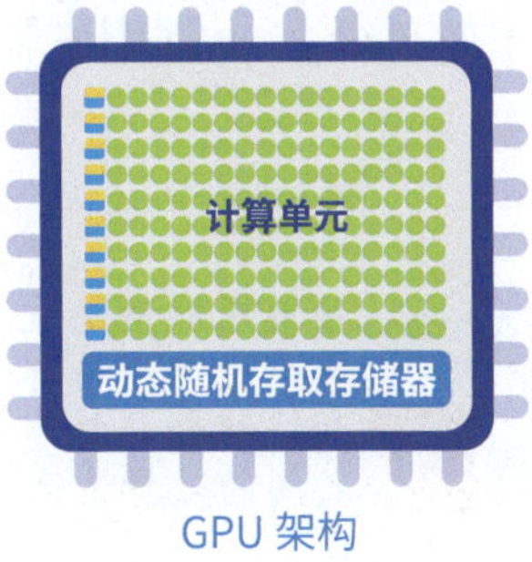

图 2-2-10

CPU（Central Processing Unit）和 GPU（Graphics Processing Unit）是目前市面上应用较为广泛的两种芯片，为人工智能的发展提供了算力基础。

CPU 又叫中央处理器，是计算机的运算和控制核心，拥有强大的指令处理和计算能力，能够处理计算机遇到的各种问题（见图 2-2-9）。但是如果需要更快的速度处理大规模数据，就显得力不从心了。为此，人们研发出了 GPU。

GPU 又叫图形处理器，提供强劲的多核并行计算，满足图形处理、数据挖掘等需要（见图 2-2-10）。但 GPU 不能单独工作，必须由 CPU 进行协助控制才能正常运行。因此，在人工智能领域，需 CPU 和 GPU 合作，一起处理大规模数据。

有了合适的、算力强大的芯片辅助，利用计算机进行数据分析就能事半功倍。

牛刀小试

国家统计局发布了普通初中招生人数的相关数据，认真观看图 2-2-11，尝试分析并回答下列问题。

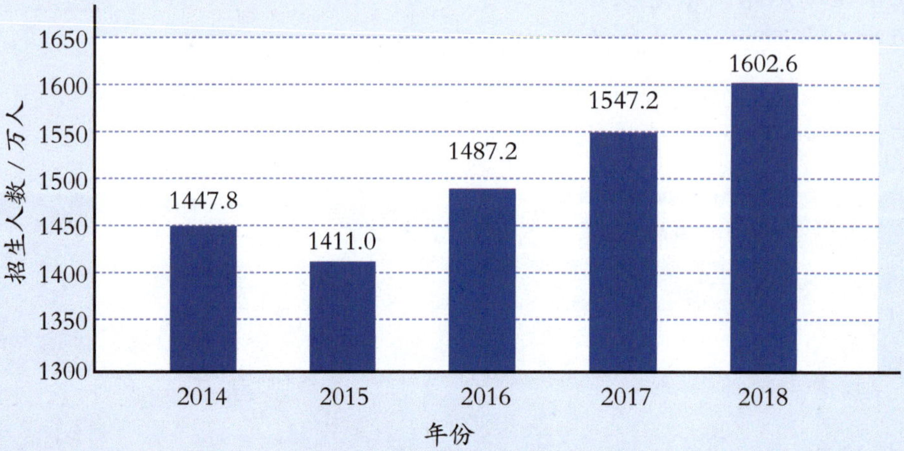

图　2-2-11

（1）2018 年普通初中招生人数是多少？

____

（2）从图 2-2-11 中可以看出，普通初中的招生人数逐年呈现什么趋势？

____

（3）你还能从图 2-2-11 中获取哪些信息？

____

上述案例用图的形式非常直观、清晰地表达出相关数据之间的关系，更利于我们进行数据分析。像这样借助图形化的手段，更清晰、有效地传递信息，我们称之为数据呈现。

图表可以更加清晰、直观地反映数据变化，其呈现方式有很多，常用的有折线图、条形图、扇形图等。它们各有优势，如图 2-2-12。

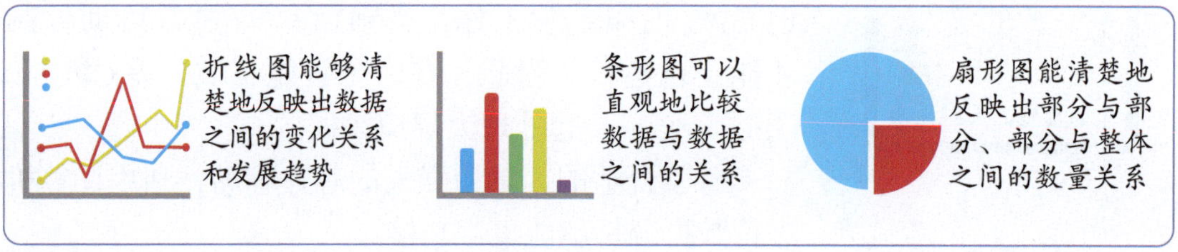

图　2-2-12

知识拓展

当收集的数据量较大，需要借助计算机进行分析时，通常需要借助软件的帮助，编写合适的程序处理数据。

如果用掌控板采集数据，可借助专门的软件——mPython 处理数据。它不仅能以“图形 / 代码”双模式编写程序，还能在控制台实时监控从传感器传过来的数据（见图 2-2-13）。

图 2-2-13

项目实现

探究课桌表面光照强度的变化——图形化编程实现

我国青少年近视的人数越来越多，其中很大一部分是由于在光线不足的环境中长时间阅读所导致的。有什么办法能收集不同的光照强度（简称照度）数据以测定课桌表面的光照强度，从而提醒同学们合理地规划学习时间，注意光线呢？

在项目开始之前，先来梳理一下数据处理的流程和思路（见图 2-2-14）。

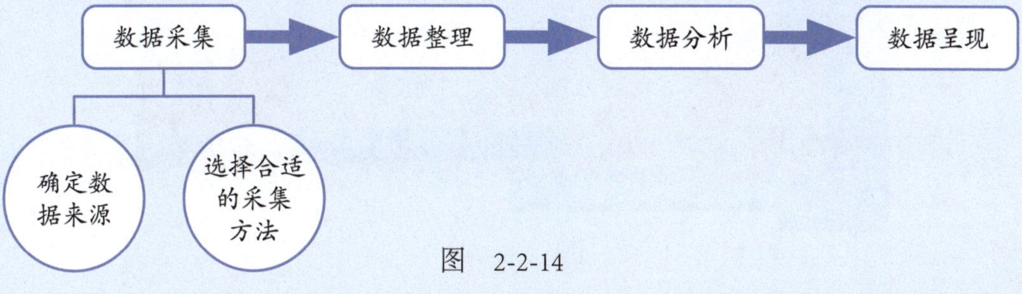

图 2-2-14

合理的照度值是多少呢？在此项目中，以《建筑照明设计标准（GB 50034—2013）》为参考依据，具体数值如表 2-2-1 所示。

表　2-2-1

房间或场所	参考平面及其高度	照度标准值 /lx
居住建筑起居室（一般活动）	0.75m 水平面	100
居住建筑起居室（书写、阅读）	0.75m 水平面	300（宜用混合照明）
居住建筑餐厅	0.75m 餐桌面	150
图书馆一般阅览室	0.75m 水平面	300
办公建筑普通办公室	0.75m 水平面	300
一般超市营业厅	0.75m 水平面	300
医院候诊室、挂号厅	0.75m 水平面	200
学校教室	课桌面	300
学校教室黑板	黑板面	500
公用场所普通走廊、流动区域	地面	50
公用场所自动扶梯	地面	150

● 项目过程

通过掌控板的光线传感器采集课桌表面的照度值，同时，希望照度值能实时显示在 OLED 屏幕和探究台的坐标上。

参考程序如图 2-2-15 所示。

图　2-2-15

为了减少采集样本的误差，需要多次、连续地采集照度值，使用重复执行指令。参考程序如图 2-2-16。

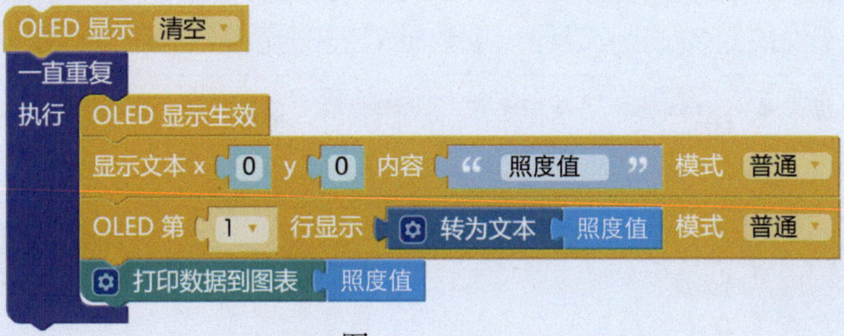

图　2-2-16

完整程序如图 2-2-17 所示。

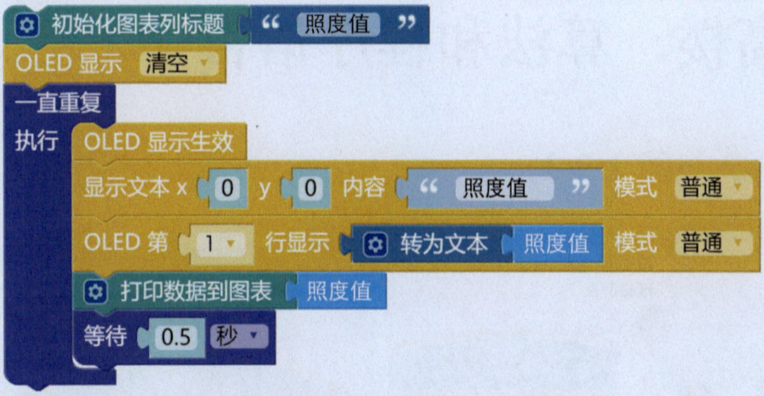

图 2-2-17

程序运行后，探究台会生成相关折线图，控制台会实时输出掌控板采集到的照度值数据，如图 2-2-18 所示。

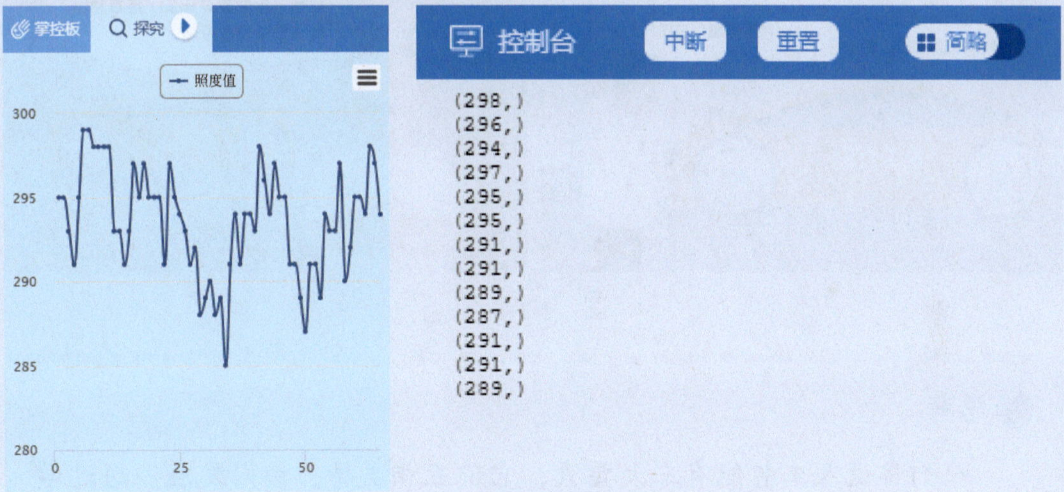

图 2-2-18

尝试自己动手，探究课桌表面的照强度是否符合国家照明标准。

这里采用的仍然是小学学过的图形化编程，下一课我们将借助图形化代码初步认识真正的 Python 代码。

第 3 课
构建高楼：算法和程序语言

情景导入（图 2-3-1）

图 2-3-1

思考

人们常说人工智能有三大要素，它们互相支持、协同发展。通过学习，我们了解、认识了其中两个要素：数据和算力。

（1）课外收集资料，找一找最后一个要素是什么，它有什么重要作用。

（2）要让机器理解我们的指令，你有什么好办法？

1 算法与计算机语言

算法是指解决问题的方法和过程。简单地理解，算法就是完成某一个问题的具体方法。如利用数学知识求两地之间的距离，这个计算的方法和过程就是一个算法。

牛刀小试

一辆汽车从甲地开往乙地，每小时行驶 45km，当行驶了全程的一半时，速度提高 1/3，这样行驶完全程共用 3.5h，问：甲乙两地相距多远？

你能不能用不同的方法来解答这个问题？

你觉得哪种方法更好？为什么？

针对同一个问题，可能会有多种不同的算法，而一个算法的优劣将影响数据处理的效率。

算法是人类科学家设计出来的，机器无法理解，更别说应用算法去分析数据、提取信息了。为了能让计算机理解人类的指令，还需要一种能和计算机进行沟通的语言——计算机语言（见图 2-3-2）。

图 2-3-2

计算机语言是指人与计算机之间通信的语言。计算机语言的种类非常多，人们将它大致分成三类：机器语言、汇编语言和高级语言。

机器语言是用二进制代码编写的机器指令的集合。它的程序全是“0”和“1”的代码，编写较为烦琐且容易出错。从使用角度来说，机器语言是最低级的语言。

汇编语言使用一些容易理解和记忆的字母、符号来代替一个特定的指令（见图 2-3-3）。

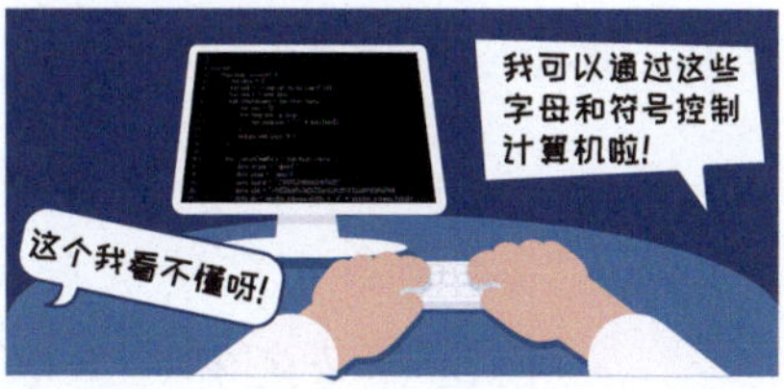

图 2-3-3

如在汇编语言中，加法指令用 ADD 表示。通过这种方法，程序的维护和漏洞修复都变得更加简单方便，但它仍然是面向机器的语言，人们很难直接从代码上理解程序设计的意图。

高级语言是相对于汇编语言来说的，是更接近自然语言和数学公式的编程语言，有更强的表达能力，能方便直观地表示数据的运算和程序的控制结构。用高级语言编写出来的程序更易于理解。

图 2-3-4

值得注意的是，高级语言并不是特指的某一种语言，它包括很多编程语言，如 C、C#、C++、Java、Python 等（见图 2-3-4）。主流高级语言及其特点如表 2-3-1 所示。

表 2-3-1

高级语言名称	特点
C	面向过程的结构化通用程序设计语言，广泛应用于底层开发
C#/C++	面向对象的程序设计语言，高效、易移植
Java	面向对象的编程语言，跨平台，并具有多线程性、动态性等特点
Python	面向对象的动态脚本语言，简单易学，免费、开源，有丰富可用的库资源

在诸多编程语言中，Python（见图 2-3-5）在人工智能的开发中使用最为广泛。它拥有丰富的库资源，能够方便快捷地直接调用，提升了开发人员的编程效率。同时，它的学习门槛较低，接近自然语言，便于理解，方便初学者学习。

图 2-3-5

思考

本书所用编程语言为 Python，在本书的后续学习中，案例全部基于 Python 3.6 的语言环境进行编写。

一门语言必定有一套独特且自成系统的语法规则，Python 也不例外。请同学们课外查找资料，了解 Python 的相关知识。

❷ 认识 Python

设计者在最初开发 Python 时，就有一个清晰的设计思路：Python 应该是一门易读、易维护的语言，对于一个特定的问题，只需用一种最好的方法来解决即可。

为了能学好 Python，需要先简单了解一下基本的语法规则和数据结构。

● 常量和变量

常量是不能改变的值，如 1、2、3、3.5、hello 这样的数字和字符串。变量是可以变化的值，它更像一个空白标签，可以是任何内容（见图 2-3-6）。

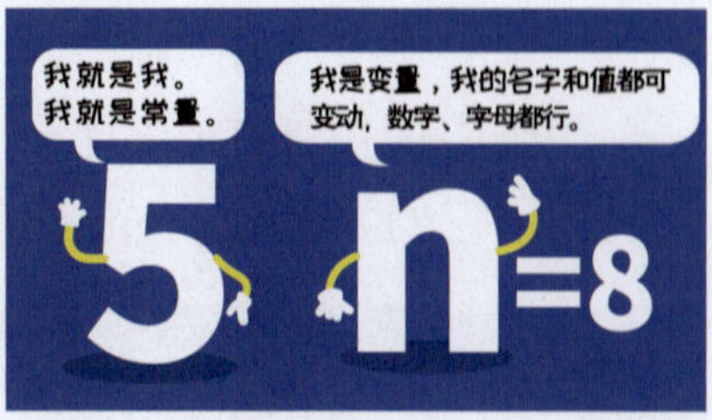

图 2-3-6

● 字符串

字符串是 Python 中最常用的数据结构，在程序中可以使用引号（' 或 "）来创建字符串。如 print（"hello,world！"）中 “hello,world！” 就是字符串。

● 函数

函数就是可以重复使用的程序段。Python 允许用户自己定义函数名称，之后可以在程序的任何地方使用这个名称多次调用该函数。Python 中有很多已经定义好的内置函数，用户可以十分方便地直接调用它们。部分常见函数如表 2-3-2 所示。

表 2-3-2

函　数	作　用
print( )	打印字符串
input( )	输入字符串
import( )	引入函数库
range( )	返回一个对象
len( )	计算字符长度
def( )	定义函数
int( )	将括号内数值转化成整数
float( )	将括号内数值转化成小数

为了能更好地理解函数的概念和用法，下面看一段简单的代码（见图 2-3-7）。

```
1  def printaddress():
2      print("A 市")
3      print("12 区")
4      print("33 街道")
5  printaddress()
```

图 2-3-7

代码中使用 def 定义了一个函数 printaddress()，从第 2 行到第 4 行缩进的代码表示它们为函数 printaddress() 的执行内容（见图 2-3-8）。

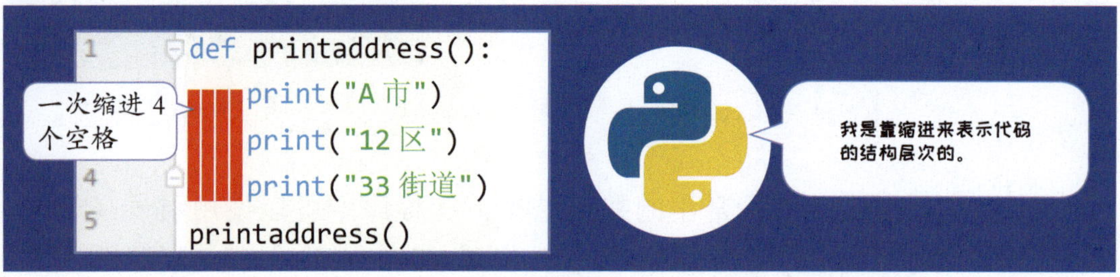

图 2-3-8

def 这一行代码并不是主程序，程序运行顺序如图 2-3-9（a）所示，运行结果如图 2-3-9（b）所示。

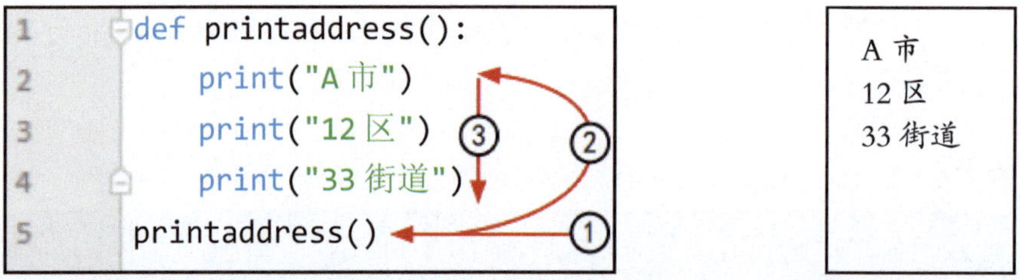

（a） （b）

图 2-3-9

● 列表和字典

在后续的学习中，经常会遇到需要使用大量数据的情况，把一堆数据存储起来放在某种“容器”中，会更方便后续的记录和操作。这样的“容器”，常见的有两类：列表和字典（见图 2-3-10）。

图 2-3-10

列表中的数据常用“[]”括起来。列表中

的数据可以是不同的类型，如图 2-3-11 所示。

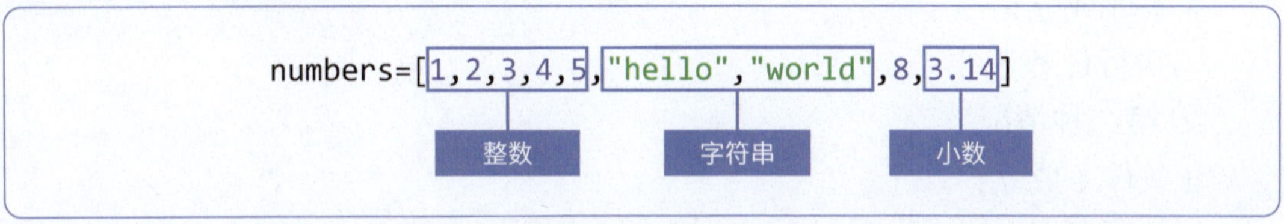

图 2-3-11

在 Python 的代码中出现的“=”为赋值符号。在为变量赋值时，常可以看见它。常见的操作符如表 2-3-3 所示。

表 2-3-3

操作符	含义	操作符	含义	操作符	含义
+	加号	-	减号	=	赋值符号
*	乘号	/	除号	==	等于号
>	大于号	<	小于号	!=	不等于号

字典正如它的名字一样，可以像查字典一样查询数据。它可将某个值和另一个值关联起来，这样的两个值一个称为“键”，另一个称为“值”。键用来查找数据，值就是要找的数据。这样一个键和一个值的组合称为键值对。

键与值之间用“ : ”划分，键值对之间用“,”划分，如图 2-3-12 所示。

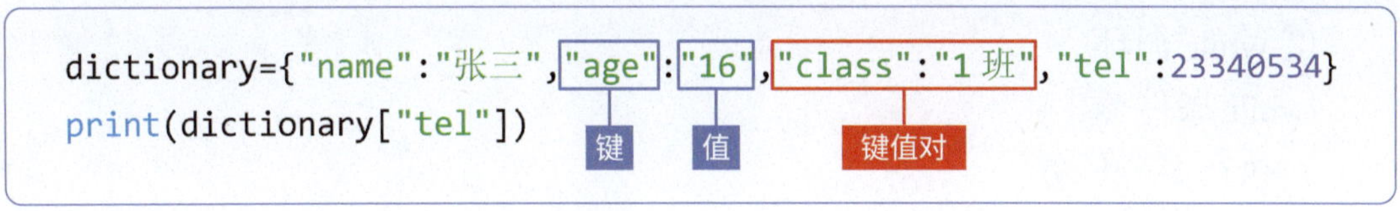

图 2-3-12

查找时，使用“[]”指定想要找的键，“[]”内是对应的键。如 print (dictionary["tel"])，程序运行后的输出值为“23340534”。

● 条件语句和循环语句

(1) 条件语句是通过一条或多条语句的执行结果决定执行的代码块。用“如果”“否则”进行判断，具体有以下三种情况。

① 第一种情况

```
if 条件成立:
    执行任务
```

② 第二种情况

```
if 条件 1 成立:
    执行任务 1
else:
    执行任务 2
```

③ 第三种情况

```
if 条件 1 成立:
    执行任务 1
elif 条件 2 成立:
    执行任务 2
      ⋮
elif 条件 N 成立:
    执行任务 N
else:
    执行任务 N+1
```

(2) 循环语句允许多次执行一个语句或语句组，Python 为用户提供了 for 循环和 while 循环。

① for 循环

```
for 变量 in range（开始值，结束值）:
    执行某些任务
```

② while 循环

```
while 条件:
    执行某些任务
    终止任务用 break
```

牛刀小试

对 Python 有了一个初步的了解之后，让我们尝试通过一个程序来分析编程的步骤和特点吧！程序代码如下：

```
import random  #调用 random 函数库
s=random.randint(1,99)  #设定一个数值范围
m=int(input("输入整数："))  #定义用户输入的数值类型
while m!=s:
    if m > s:
        print("数字大了")
        m=int(input("输入整数："))
    if m < s:
        print("数字小了")
        m=int(input("输入整数："))
    if m == s:
        print("猜对了！")
        break  #循环到此结束
```

我的理解：

（1）________________

（2）________________

项目实现

探究课桌表面光照强度的变化——代码编程实现

在上一课的学习中，我们通过图形化编程实现了对课桌表面照度数据的采集和数据处理。在学习了 Python 的基本语法知识之后，下面尝试通过代码来完成这一项目。

● **项目过程**

在开始进入代码编程之前，先回顾一下上一课的图形化程序。

不难发现，图形化程序中有部分程序是原 Python 环境中没有的，为非内置函数。这时我们需要从外部的第三方库中调取数据，为后续程序的编写做准备。

程序加油站

```
# -*- coding: utf-8 -*-
import time
from mpython import *
```

程序中，重要的循环语句为一直循环，没有终止条件。在两种循环语句的选择中，显然 while 语句更加适合。

程序加油站

```
while True:
    oled.show()  #掌控板 oled 显示
    oled.DispChar('照度值', 0, 0, 1)  #掌控板 oled 显示照度值
    oled.DispChar((str(light.read())), 0, 0, 1)
    print((light.read(), ))
    time.sleep(0.5)
```

在编写程序时，需要注意段前的缩进为 4 个空格，有了缩进才能表示接下来的程序都是 while 循环的子项，在其控制范围内执行。

程序加油站

```
# -*- coding: utf-8 -*-
import time
from mpython import *

time.sleep_ms(50)
print(('__TITLE', '照度值'))
time.sleep_ms(50)
oled.fill(0)  #掌控板 oled 清屏

while True:
    oled.show()  #掌控板 oled 显示
    oled.DispChar('照度值', 0, 0, 1)  #掌控板 oled 显示照度值
    oled.DispChar((str(light.read())), 0, 0, 1)
    print((light.read(), ))
    time.sleep(0.5)
```

思考

仔细阅读上述程序代码，你能将它与之前所学的图形化程序的指令对应上吗？

代码能够如此简洁，很大程度归功于强大且完善的第三方库，它的出现简化了烦琐的编码流程。课外查询资料，找一找 Python 还有哪些好玩又强大的第三方库。

总结与评价

1．以下是本单元的思维导图，请同学们对照图中的内容进行总结。

- 三足鼎立——人工智能三要素
  - 万世基石：数据
    - 认识数据
    - 数据和信息
    - 大数据
  - 聚沙成塔：数据处理
    - 数据的采集
    - 数据的整理、分析和呈现
    - 项目实现：探究课桌表面光照强度的变化——图形化编程实现
  - 构建高楼：算法和程序语言
    - 算法与计算机语言
    - 认识 Python
    - 项目实现：探究课桌表面光照强度的变化——代码编程实现

2．请同学们根据本单元学习的内容，完成以下练习。

(1) 用自己的话描述什么是数据，找一找生活中身边的数据，并记录下来。

____

____

____

____

(2) 数据处理要经过哪些步骤？尝试画出流程图。

（3）你知道哪些主流的高级语言？ Python 的优势是什么？

____

____

____

____

3．以小组为单位，为本单元的学习进行综合评分，并填入下表中。

评价内容	评分
领会什么是数据和信息	☆☆☆☆☆
了解大数据的特点	☆☆☆☆☆
了解数据处理的流程	☆☆☆☆☆
能够对 Python 的基本语法有一个大概的认识	☆☆☆☆☆
能够在图形化程序的帮助下初步读懂代码	☆☆☆☆☆
能够辩证地看待科技进步带来的利与弊	☆☆☆☆☆

本单元令我印象深刻的内容是______________________________

____

____

____

第 3 单元
我教你学——监督学习

人工智能技术应用广泛，能在很多方面帮助人类解决问题，尤其擅长预测和分类。

让我们一起来思考一下：自己本来并没有预测和分类的能力，在成长过程中是如何学会解决预测和分类问题的呢？

我们的学习很多时候是在教师和家长的监督指导下进行的，他们不断重复给我们正确答案，日积月累，慢慢我们就具备了预测和分析事物的能力。机器学习领域的监督学习也采用类似的训练与学习方法。人就像是机器的监护人，告诉机器某个事物的特征以及事物间的关系，机器利用这些信息不断形成自己的逻辑，进而去分析类似的问题。

本单元我们将充当机器的监护人，一起来教机器如何用回归、决策树、*k* 近邻算法做好预测和分类的工作。

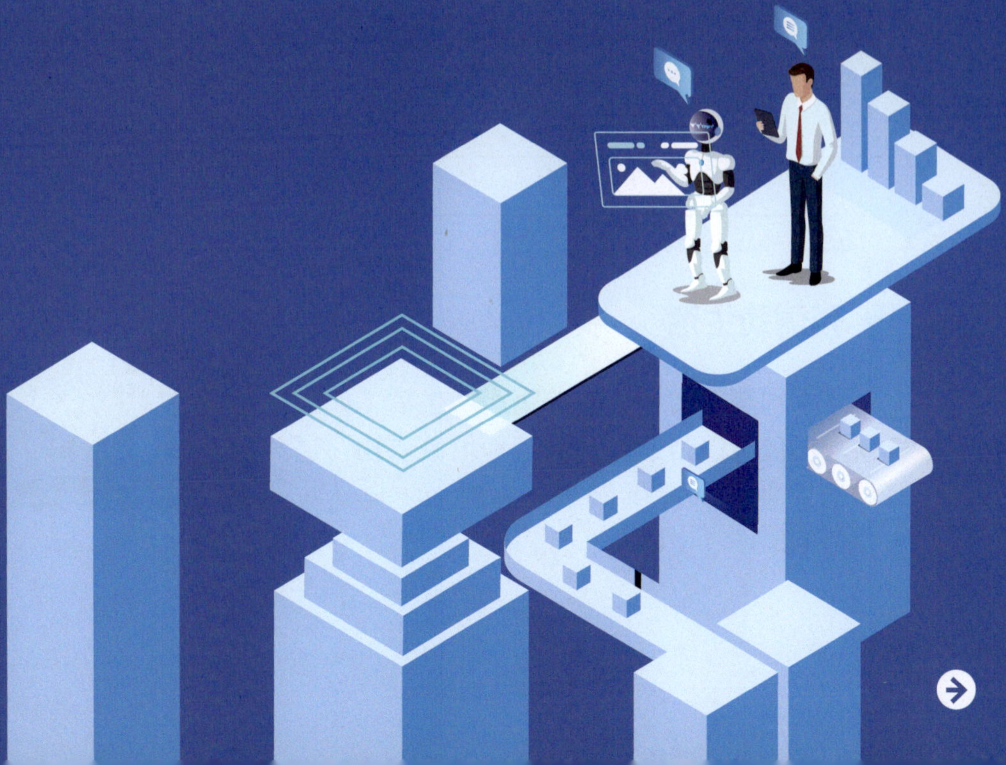

第 1 课
AI 预测家

情景导入（图 3-1-1）

图　3-1-1

思考

古时候的劳动人民通过观察生活现象，总结出预测天气的经验，如“蚂蚁搬家蛇过道，明天必有大雨到”等。现在，利用人工智能也能对某一事件进行预测，如预测天气、房价走势、人口增长趋势等。

（1）你还知道哪些关于天气的谚语呢？

（2）查阅资料，思考人工智能是如何预测天气的。

1 预测助生活

图　3-1-2

科学预测有助于人类的生产、生活，如天气预报不仅可以帮助人们合理地增减衣物，还可以给农业耕种提供信息，有效预防自然灾害，帮助增产（见图 3-1-2）。

人工智能越来越擅长做预测。它通过收集大量的历史数据，利用算法处理数据，从中找出数据之间的关系和特点，总结出预测事件的规律，之后用这些“经验”预测相关事件。

牛刀小试

齐齐今天的体育课要测试50m跑。齐齐有一个疑惑，是不是身材高的人跑得都快？测验结束后，齐齐尝试从成绩表（表3-1-1）中寻找答案。

表 3-1-1

身高 /cm	50m 跑所用时间 /min	身高 /cm	50m 跑所用时间 /min
166.9	7.4	172.9	7.2
167.5	10.1	167.2	8.6
151.2	9.3	171.4	7.7
160.2	10.7	166	6.4
172.4	7.7	168	5.8

（1）将表中数据填入图3-1-3中，并尝试画出一条趋势线。

（2）分析身高与50m跑所用时间的关系，用自己的身高数据预测50m跑所用时间。

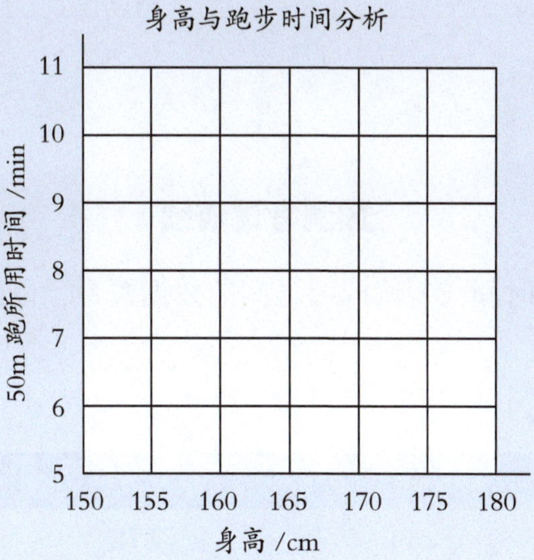

图 3-1-3

2 预测的方法

利用人工智能做预测的方法有很多，常见的有线性回归、非线性回归等。

线性回归

在众多数据资料中，找出一条直线，较为精准地代表已有数据的走向，精确地描述数据之间的关系，这就是线性回归。如书价问题，可以利用线性回归构造出一条直线近似描述书价与图书页数之间的关系，从而根据图书页数推测出书价。

线性回归的基本原理如下。

(1) 在图中标注各个数据点，代入公式。

(2) 不断调整直线方程式的各项系数。

(3) 找到一条最佳直线（回归线，见图 3-1-4）。

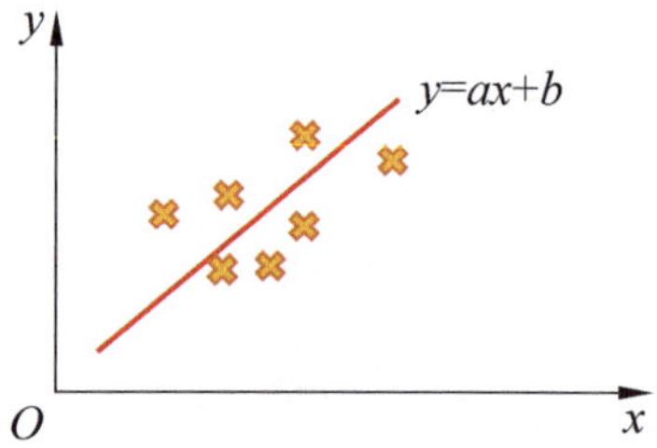

图 3-1-4

非线性回归

当无法拟合出一条直线时，为了防止数据扭曲导致预测结果出现错误，会使用另一种回归算法——非线性回归预测事件。

思考

（1）如何利用线性回归算法预测回归问题？

（2）线性回归与非线性回归分别在什么情况下应用？

项目实现

预测考试成绩

表 3-1-2 是学习时间与考试成绩之间的数据关系，以此数据作为参考，预测考试成绩。

表 3-1-2

学习时间 /h	考试成绩 / 分	学习时间 /h	考试成绩 / 分
0.5	10	1.75	22
0.75	22	1.75	23
1	13	2	33
1.25	43	2.25	50
1.5	20	—	—

● 创建数据集

调用相关函数的模块库，收集学习时间与对应考试成绩数据，利用列表存放训练模型的数据，x 代表学习时间，y 代表考试成绩。

程序加油站

```
# -*- coding: utf-8 -*-
import numpy as np  #调用库，使用库中的科学计算函数

''' 初始化学生学习时间和学习成绩(x, y)的数据'''
x = [0.5, 0.75, 1, 1.25, 1.5, 1.75, 1.75, 2, 2.25]
y = [10, 22, 13, 43, 20, 22, 23, 33, 50]
```

● 训练模型

提取训练数据，套用最小二乘法的公式，通过相关数据计算出回归线斜率及截距，从而得到学习时间与考试成绩的回归模型。

程序加油站

```
''' 通过已知数据点，求解线性模型中 b0 和 b1 两个参数 '''
def fitSLR(x, y):
    n = len(x)  #获取数据集长度
    dinominator = 0  #分母
    numerator = 0  #分子
    for i in range(0, n):
        numerator += ((x[i] - np.mean(x))*(y[i] - np.mean(y)))
        dinominator += (x[i] - np.mean(x))**2
    b1 = numerator/float(dinominator)  #回归线斜率
    b0 = np.mean(y) - b1*np.mean(x)   #回归线截距
    return b0, b1
```

● 预测结果

得到回归模型后，再输入指定的学习时间，就可预测出考试成绩。

程序加油站

```
def predict(x, b0, b1):
    return b0 + x*b1

b0,b1 = fitSLR(x, y)
print("intercept:", b0, "slope:", b1)

''' 预测成绩 '''
x_test = 6  #输入学习时间
y_test = predict(6, b0, b1)
print("y_test:", y_test)  #打印预测考试成绩结果
```

第 2 课
分类小能手

牛刀小试

分类是我们生活中常做的事情。对不同的事物、不同的人，我们会以不同的标准进行分类。让我们来试一试，将下面的事物按照自己的方法进行分类吧。

提问：能否把图 3-2-1 中的几何图形分成两类？

图 3-2-1

提问：能否把图 3-2-2 中书单里的书分成三类？

图 3-2-2

思考：你为什么能完成分类的任务？你分类的标准是什么？

❶ 分类我在行

和人类的分类过程相似，机器要完成分类任务需要先进行学习。在监督学习下，给机器一些学习数据，这些数据已经有了自己的特征和属性，机器会使用相应的算法建立一个分类器，总结出分类的规律。机器学习完成后，就可以使用分类器对新的对象进行分类了（见图 3-2-3）。

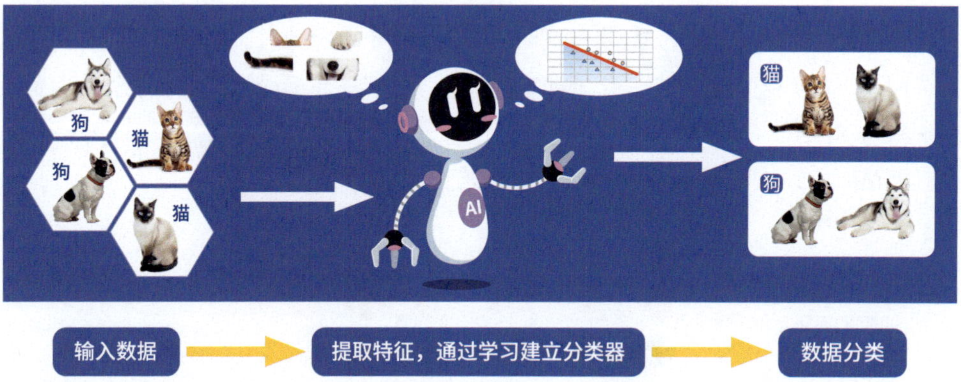

图 3-2-3

那么分类器是如何训练出来的呢？下面介绍几种常用的算法：决策树、*k* 近邻算法。

❷ 分而治之——决策树

生活中，当面临一系列的决策或判定问题时，人们可能有意或无意地使用决策树进行决策（见图 3-2-4）。决策树是记录决策过程的一种树状结构，在机器学习中，它能很好地辅助机器解决分类问题。

图 3-2-4

思考

（1）观察图 3-2-4 中的决策树，思考决策树为什么是一种树状结构，它和生活中的树有哪些相同和不同之处。

（2）机器为什么能使用决策树解决分类问题呢？

决策树之所以是一种树状结构，是因为它和树相似，有根、枝、叶等。一般情况下，一棵决策树由节点和向量边组成，其中节点包含一个根节点、若干个内部节点和若干个叶节点（见图 3-2-5）。

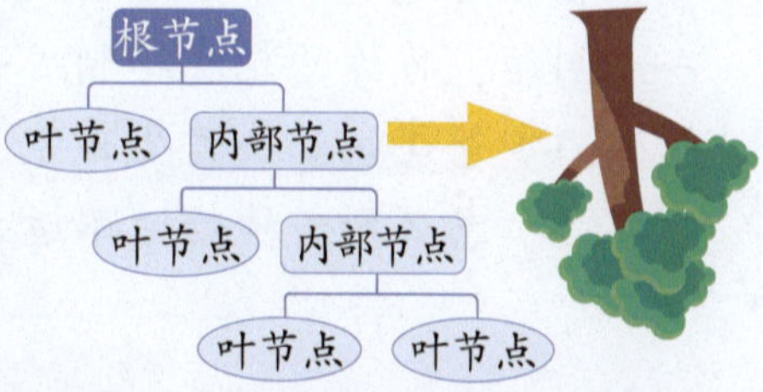

图　3-2-5

决策树的树状结构和树有所不同，它是从根部开始往下生长的。其中的各个节点有什么不同之处呢？

我作为决策树的**根节点**，位于最顶层，在分类或决策时是最关键或最优先的特征，要先满足我的条件，才能继续往下生长。

我是决策树的**内部节点**，或者叫决策点，是进行分类或决策的其他特征，分布在决策树的各层。

我是决策树的**叶节点**，表示分类或决策的结果。当我出现时，就不需要再继续产生内部节点进行判断了。

机器使用决策树模型进行学习时，会从根节点开始测试其中的特征，并循着路线不断往下生长，由于每个特征判断输出的结果是互不相交的，当有新的对象进入模型时，就可以强行划分到决策的某一结果中，为它找到所属的类别。

牛刀小试

相信你也有面临抉择或给事物进行分类的时候，请任意选择下面的一个问题，将你的想法绘制成一棵决策树，并与老师和同学们分享。

（1）爸爸妈妈快过生日了，要送给他们什么礼物呢？

（2）怎么判断植物适不适合在室内栽培？

决策树的模型可以由机器通过学习来构建，那么机器是怎么构建并使用决策树进行分类的呢？

简单的决策树构建可以分为以下几个步骤（见图 3-2-6）。

图 3-2-6

(1) 获取学习数据。

机器要学会分类，先要给它学习和训练的样本数据，这些样本数据已经标记好了特征和类别。

(2) 选取最优属性。

决策树的结构是有先后层级之分的，往往作为根节点的特征，是影响决策结果的决定性因素。机器通过相关计算决定每个特征的排列顺序。

(3) 寻找最佳划分点。

当找到决策树的节点时，就需要它往下生长。一般需要在这个特征中找到一个最佳分裂点“一刀切下去”，把两个类别划分清楚。

(4) 得到分类结果。

在构建决策树时，需要对每个内部节点进行判断，如果这个节点能被正确分类，那么该节点就可以往下生成叶节点；如果不能被正确分类，就需要继续选取特征，再进行判断，直到所有数据能被正确分类。当所有特征都得到了叶节点时，决策树也就生成了（见图 3-2-7）。

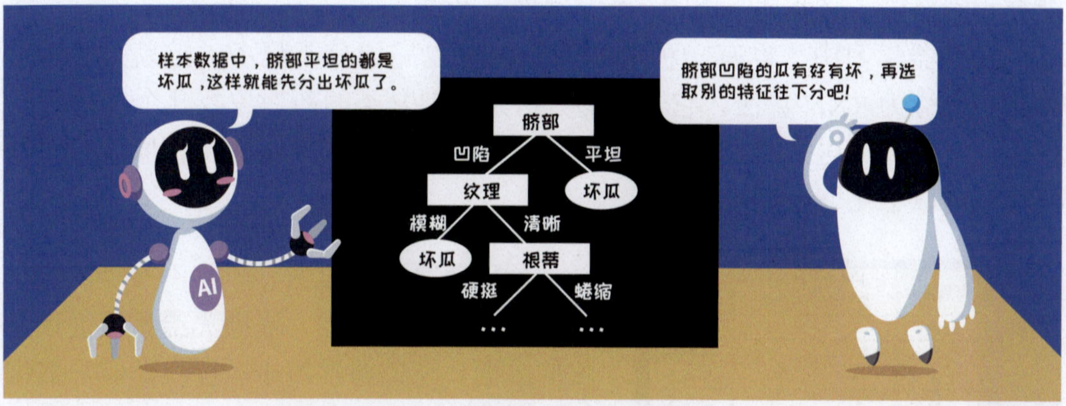

图　3-2-7

在实际应用中，机器生成决策树模型后，如果有新的对象需要判断类型，就要从根节点开始，根据已有的特征进行判断，为它找到最终的分类结果。

3 近朱者赤——*k* 近邻算法

思考

（1）如图 3-2-8 所示，从《孟母三迁》的故事中，你得到了什么启发？

（2）如果将它看作一种分类的方法，你觉得它是怎样进行分类的？

图　3-2-8

从《孟母三迁》的故事中可以看出，人的成就和品性有可能受到周围环境的影响。如果我们所处的环境中，人们都积极乐观，勤奋上进，那么我们也可能会受到感染，这就是所谓的“近朱者赤，近墨者黑”。

在机器学习中，也有一种类似的算法可以完成分类任务，这就是 k 近邻算法，也称为 KNN 算法。它采取的方法是给要分类的新对象找几个“邻居”，根据这几个“邻居”的类别给新对象进行分类。k 近邻算法的工作原理可以简单地分为以下几个步骤。

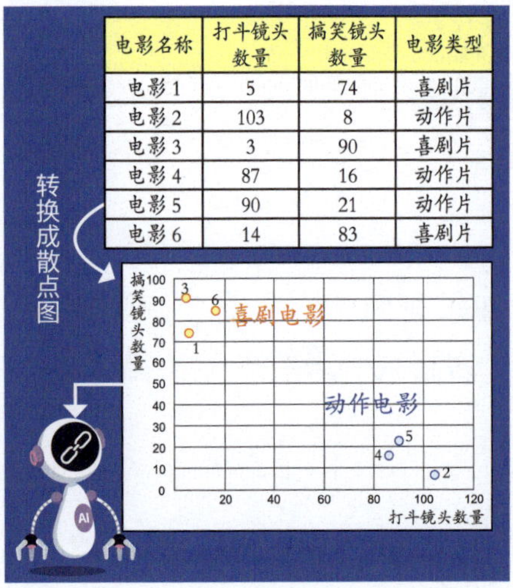

电影名称	打斗镜头数量	搞笑镜头数量	电影类型
电影 1	5	74	喜剧片
电影 2	103	8	动作片
电影 3	3	90	喜剧片
电影 4	87	16	动作片
电影 5	90	21	动作片
电影 6	14	83	喜剧片

图　3-2-9

(1) 获取学习数据。

让机器学会分类，需要先给机器提供学习的数据。在监督学习中，提供的学习数据已经标记好了特征和类别。

(2) 待测试数据进入散点图。

学习的数据根据特征已经被划分好类别，并转换成散点图（见图 3-2-9）。如果有待测试数据，也把它放入散点图中（见图 3-2-10）。

(3) 计算距离并排序。

计算待测试点和其他点的距离。将计

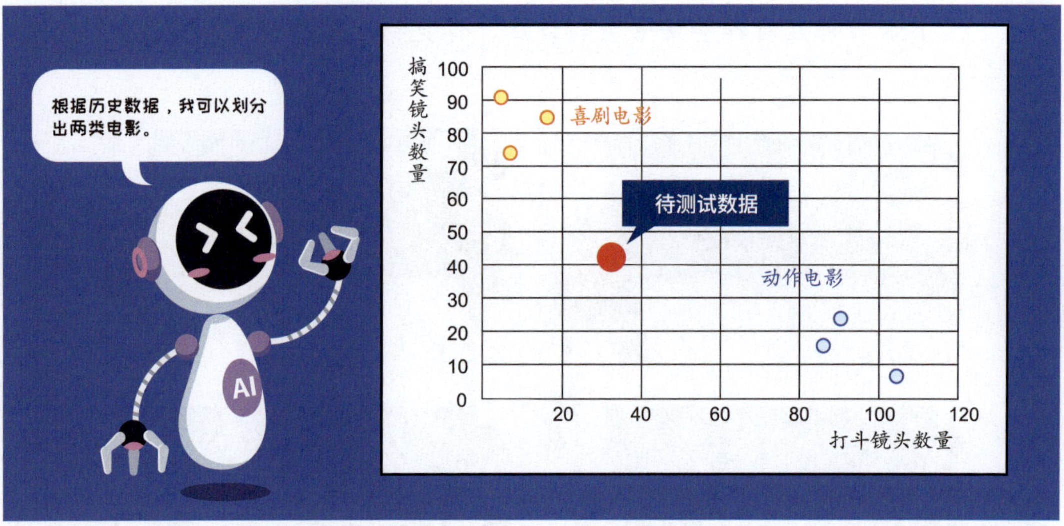

图　3-2-10

算出来的距离按由大到小的顺序排序（见图 3-2-11）。

(4) 选取 k 个点。

选取与待测试点距离最近的 k 个点，统计这几个点所在类别出现的频率。

(5) 给待测试点分类。

将前 k 个点出现频率最高的类别作为待测试点的类别（见图 3-2-12）。

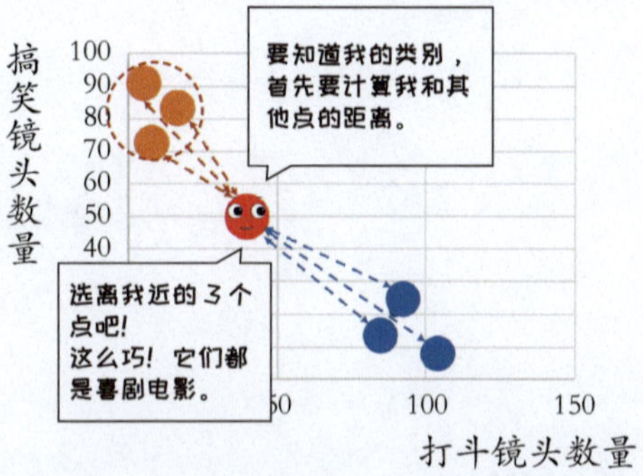

图 3-2-11

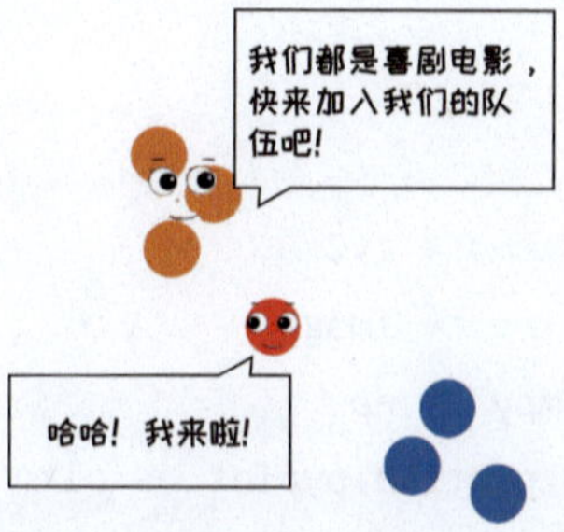

图 3-2-12

思考

（1）如何求取两点间的距离呢？

（2）k 值的选取有没有什么要求？k 值过大或过小会产生什么样的影响呢？

项目实现

“剪刀石头布”猜猜猜

图像识别在人工智能中的应用十分广泛，它的识别过程主要使用的是分类方法。让我们通过一个小案例来认识机器如何进行图像识别吧！“剪刀石头布”是家喻户晓的小游戏，作出不同的手势，让机器猜一猜各手势分别代表的是什么吧（见图 3-2-13）！

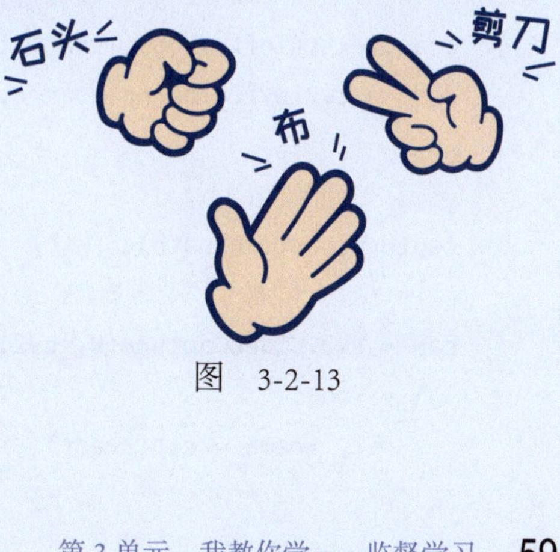

图 3-2-13

● 收集数据

要让机器区分“剪刀”“石头”“布”的手势，需要先让它认识“剪刀”“石头”“布”的手势是什么样子的。在程序开始前，初始化 k 近邻算法，通过摄像头采集“剪刀”“石头”“布”的手势。

程序加油站

```
# -*- coding: utf-8 -*-
import os
from cv2 import cv2
from PIL import Image
import numpy as np
import matplotlib.pyplot as plt
from sklearn.neighbors import KNeighborsClassifier
from sklearn.externals import joblib
from PIL import ImageDraw
from PIL import ImageFont

''' 设置 opencv 库显示中文字体 '''
def cv2ImgAddText(img, text, left, top, textColor=(0, 255, 0), textSize=20):
    font_path = os.path.expanduser("~") + \
        "/.mPython/project/gesture/knn_demo/data/simsun.ttc"  #设置字体目录
    if(isinstance(img, np.ndarray)):
        img = Image.fromarray(cv2.cvtColor(img, cv2.COLOR_BGR2RGB))
    draw = ImageDraw.Draw(img)
    fontText = ImageFont.truetype(
                font_path,
                textSize,
                encoding="utf-8")
    draw.text((left, top), text, textColor, font=fontText)
    return cv2.cvtColor(np.asarray(img), cv2.COLOR_RGB2BGR)

'''  摄像头拍照保存函数 '''
def capture(capture_path):
    print("打开摄像头，准备拍照，请等待...")
    cap = cv2.VideoCapture(0, cv2.CAP_DSHOW)
    while True:
        ret, frame = cap.read()
```

```
        frame = cv2.resize(frame, (640, 240))
        img = cv2ImgAddText(
                frame, "按下英文按键‘s’拍照,按‘esc’退出",
                5, 5, (238, 193, 22), 25)
        k = cv2.waitKey(1)
        if k == 27:
            break
        elif k == ord('s'):
            img = cv2.imwrite(capture_path, frame)
            break
        cv2.imshow("capture", img)
    cap.release()
    cv2.destroyAllWindows()
```

● **训练模型**

添加完几个手势的基本特征后，开始进行 *k* 近邻模型的训练。

程序加油站

```
feature = []
target = []

''' 载入训练数据 '''
for i in range(3):
    for j in range(10):
        img_arr = plt.imread(os.path.expanduser('~') + \
            "/.mPython/project/gesture/knn_demo" + f"/data/{i}/{i}_{j}.png")
        feature.append(img_arr)
        target.append(i)

feature = np.array(feature)
target = np.array(target)

feature = feature.reshape(30, 640*240)
''' 设置随机种子 '''
np.random.seed(5)
np.random.shuffle(feature)
```

```
np.random.seed(5)
np.random.shuffle(target)
''' 划分测试集和训练集 '''
x_knn_train = feature[:8]
y_knn_train = target[:8]
x_test = feature[-2:]
y_test = target[-2:]
''' 初始化 knn 模型 '''
knn = KNeighborsClassifier()
print("训练 knn 模型中")
knn.fit(x_knn_train, y_knn_train)
joblib.dump(knn, os.path.expanduser('~') + \
    "/.mPython/project/gesture/knn_demo/KNeighborsClassifier.pkl") #保存 knn 模型
print("保存 knn 模型成功")
```

- **开始分类**

训练完成后，在摄像头前随意出示“剪刀”“石头”“布”手势，让机器输出结果。

程序加油站

```
knn = joblib.load(os.path.expanduser('~') + \
    "/.mPython/project/gesture/knn_demo/KNeighborsClassifier.pkl") #载入 knn 模型
print("载入 knn 模型成功")

ges_gather = {0:'石头', 1:'剪刀', 2:'布'}

picture_path = os.path.expanduser('~') + "/demo.png"  #设置摄像头拍摄图片保存路径
capture(picture_path)
''' 读取图片使用 knn 模型预测 '''
gesture = plt.imread(picture_path)
gesture = gesture.mean(axis=2)
KKN_model = knn.predict(gesture.reshape(1, 640*240))

print(ges_gather[KKN_model[0]])
plt.imshow(gesture)
plt.show()
```

总结与评价

1．以下是本单元的思维导图，请同学们对照图中的内容进行总结。

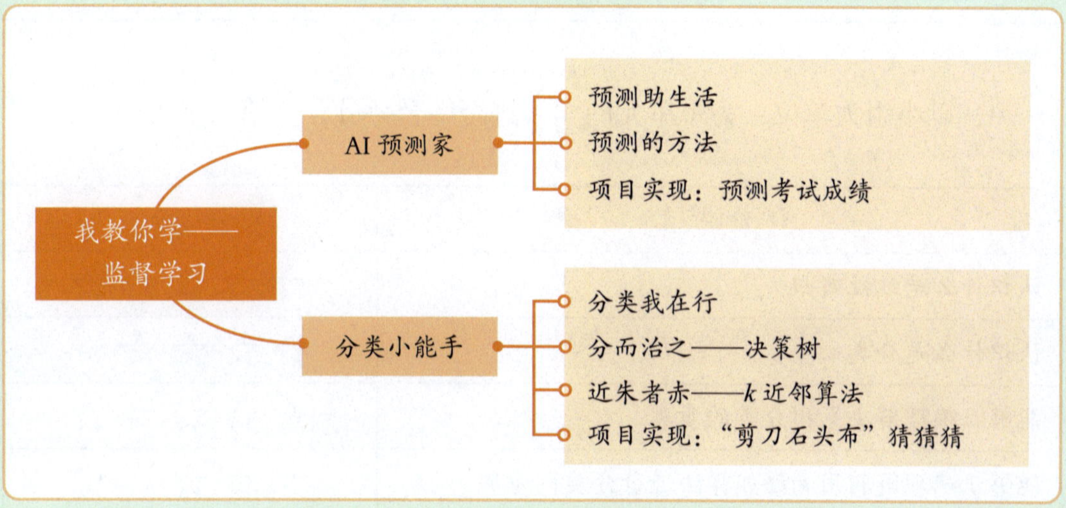

2．请同学们根据本单元学习的内容，完成以下练习。

(1) 什么是线性回归？它可以在哪些情况下应用？

(2) 什么是决策树？它的结构包括什么？机器使用决策树进行分类的步骤有哪些？

（3）什么是 k 近邻算法？机器使用 k 近邻算法进行分类的步骤有哪些？

____

____

____

____

3．以小组为单位，为本单元的学习进行综合评分，并填入下表中。

评价内容	评　分
认识什么是线性回归	☆☆☆☆☆
认识什么是分类	☆☆☆☆☆
能够正确理解决策树分类的步骤	☆☆☆☆☆
能够正确理解利用 k 近邻算法进行分类的步骤	☆☆☆☆☆
能够理解项目实现中的程序编写，能够解决项目中出现的问题	☆☆☆☆☆

本单元令我印象深刻的内容是____

____

____

____

第 4 单元
自学成才——非监督学习

我们都知道监督学习是机器学习中一类经典的学习方法，而现在大家对非监督学习的了解也越来越深，监督学习与非监督学习在不同的领域各放异彩，两者最大的区别就是给予机器的样本有无被标注。

世界那么大，信息那么多，有时我们没有办法了解每个事物“是什么”以及“有什么特点”，这时，在非监督学习下的机器就像是脱离了父母的孩子，要去学习如何自觉提取特征、总结规律，进而对这些“无名”信息进行分类、分析处理等。

本单元我们将一起去探索非监督学习中的典型案例——聚类，以及 PCA（principal component analysis，主成分分析）降维技术。让我们一起去感受非监督学习的魅力吧。

第 1 课
物以类聚

情景导入（图 4-1-1）

图 4-1-1

思考

我们有时会面对这样的问题：在信息大爆炸的时代，人们由于缺乏经验和时间，没有办法人为地给所有的事物或者信息做标注。请思考以下问题。

（1）生活中有哪些不能逐一标注的事物或信息？

____

____

（2）面对杂乱无章的事物或信息，你觉得要如何处理才能让它们变得更整洁？

____

____

❶ 聚类

早在远古时期，人类就学会了观察事物的特征，根据特征的相似性对事物进行分类。这是一种重要的人类行为，对社会的发展起到了积极的作用(见图 4-1-2)。

图 4-1-2

聚类，顾名思义，就是把相似的事物聚集在一起。在没有任何额外提示信息的情况下，聚类算法可以自动提取特征，将相似度较高的事物组成一簇，最终实现“物以类聚”。

思考

（1）人类在认知世界的过程中还有哪些地方运用到聚类？

（2）查阅相关资料，了解聚类在当今应用领域中的具体功能。

在大数据领域，有很多样本数据并不需要提前标注，只要把这些数据按相似度分成多个类别即可。聚类算法之所以在大数据挖掘方面起到重要作用，是因为它省去了大量前期标注样本的工作。只要知道如何计算相似度，使用聚类算法，机器就可以把大量的数据进行分类，最终再由人类选择性地进行类别标注，大大节省了人力、物力和时间。

❷ k 均值算法

聚类算法中，k 均值（k-means）算法因其简洁和高效的特点成为最优秀的划分聚类算法（见图 4-1-3）。

图 4-1-3

k 均值算法的一般工作流程如图 4-1-4 所示。

生成中心点之后，机器会自动选取特征计算样本剩余数据到中心点的距离，并分配到相距最近的聚类（见图 4-1-5）。

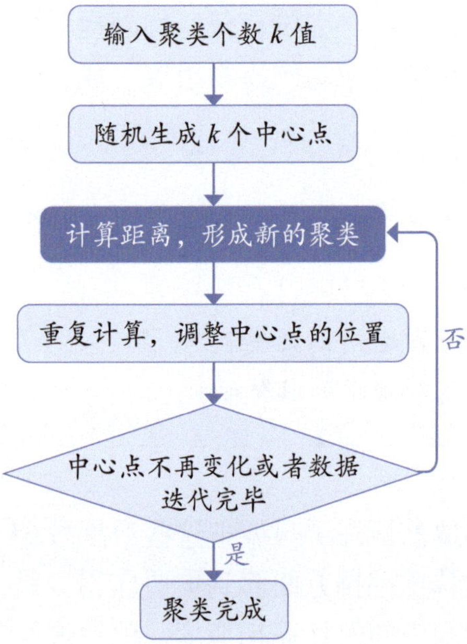

图 4-1-4

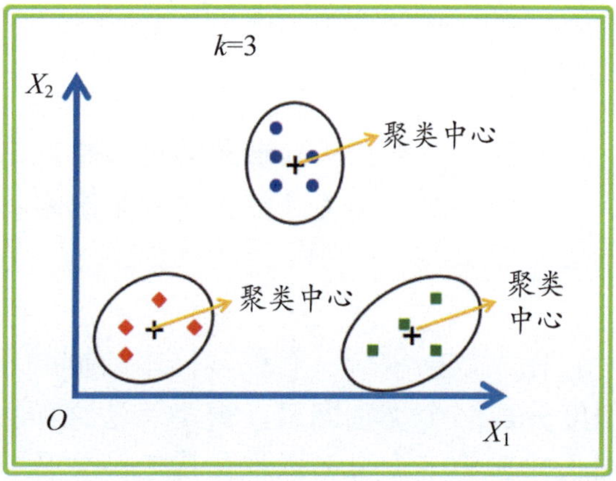

图 4-1-5

牛刀小试

有一组动物图像（见图 4-1-6），却不知道哪个图像是哪种动物，能否利用 k 均值算法把猫的图片提取出来呢？结果请填入图 4-1-7 中。

图 4-1-6

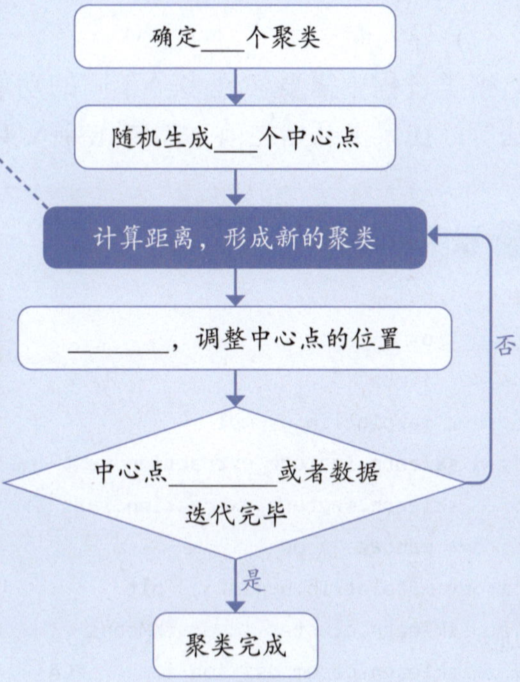

图 4-1-7

思考

k 值的设定看似很随意，假如 *k* 值设置得过大或过小对聚类又会有什么影响呢？

项目实现

文章类型分类

报社经常会收到大量的文章投稿，其中不乏乱投、错投的情况，这对审稿人员来说负担极大。利用聚类的方法，提前把投稿的文章进行划分，工作人员可以更有针对性地审阅，从而提高工作效率。

在下面的案例中，我们将模拟这个场景，用 *k* 均值算法对多篇文章进行聚类划分，最终用图像显示聚类的结果，体验聚类处理文章数据的大致流程。

● 聚类前

（1）导入库文件

聚类过程中需要实现多个不同的功能，比如图片显示、数据处理、聚类算法等。在聚类开始之前，需要先导入实现这些功能所需的库文件。

程序加油站

```
# -*- coding: utf-8 -*-
import os
import jieba
import matplotlib as mpl
from sklearn.feature_extraction.text import TfidfTransformer
from sklearn.feature_extraction.text import CountVectorizer
import pandas as pd
import matplotlib.pyplot as plt
from sklearn.cluster import KMeans
from sklearn.decomposition import PCA
```

（2）特征处理

聚类前还需要提取特征，定义其提取方式。主要通过拆分待测试的文章中的词语进行区别。分词过程主要分为设置停用词（判断句子结束的符号）、开始分词、保存分词结果三个步骤。

程序加油站

```
''' 设置 matplotlib 库图表中文 '''
mpl.rcParams['font.sans-serif'] = ['SimHei']
mpl.rcParams['axes.unicode_minus'] = False

''' 设置停用词函数 '''
def stopwordslist():
        stopwords_dir = os.path.expanduser('~') + \
            "//.mPython//project//article_kmeans//demo//stop_words.txt"
        stopwords = [line.strip() \
            for line in open(stopwords_dir,encoding='UTF-8').readlines()]
        return stopwords
```

```
''' 文章分词函数 '''
def seg_depart(sentence):
    print("正在分词")
    sentence_depart = jieba.cut(sentence.strip())
    stopwords = stopwordslist()
    outstr = ""
    for word in sentence_depart:
        if word not in stopwords:
            if word != "    ":
                if len(word)>=2:
                    outstr += word
                    outstr += " "
    return outstr

def seg_txt(filename,outfilename):
    inputs = open(filename, 'r', encoding='UTF-8')
    outputs = open(outfilename, 'w', encoding='UTF-8')
    for line in inputs:
        line_seg = seg_depart(line)
        outputs.write(line_seg + '\n')
        print("---------------正在分词和去停用词-----------")
    outputs.close()
    inputs.close()
    print("删除停用词和分词成功！！！")

article_path = os.path.expanduser('~') + \
    "//.mPython//project//article_kmeans//demo//article//"
article_init = os.path.expanduser("~") + \
    "//.mPython//project//article_kmeans//demo//Init.txt"
```

(3) 初始化操作

把用来聚类的文章存放在计算机的文件夹中。分词结束后，为防止以前的聚类工作影响新的聚类内容，先进行初始化操作，再把现在要测试的文章导入聚类的“篮子”里（见图 4-1-8）。

名称	修改日期	类型	大小
article1	2020/4/18 星期六 1...	文本文档	3 KB
article2	2020/4/18 星期六 1...	文本文档	3 KB
article3	2020/4/18 星期六 1...	文本文档	2 KB
article4	2020/4/18 星期六 1...	文本文档	4 KB
article5	2020/4/18 星期六 1...	文本文档	3 KB
article6	2020/4/18 星期六 1...	文本文档	5 KB
article7	2020/4/18 星期六 1...	文本文档	1 KB
article8	2020/4/18 星期六 1...	文本文档	1 KB

图 4-1-8

接着进行数据处理，即把文章特征转化为特征向量，为后面的聚类计算做准备。

程序加油站

```
''' 清空初始化待聚类文章 '''
with open(article_init, 'w', encoding='UTF-8') as f:
    f.seek(0)
    f.truncate() #清空文件
''' 导入 8 篇文章 '''
for i in range(8):
    for line in open(article_path + \
        'article{}.txt'.format(i+1), "r" , encoding='UTF-8'):
        with open(article_init , "a", encoding='UTF-8') as f:
            f.write(line)
''' 分词 '''
seg_txt(os.path.expanduser("~") + \
    "//.mPython//project//article_kmeans//demo//Init.txt",
        os.path.expanduser("~") + \
          "//.mPython//project//article_kmeans//demo//out.txt")
corpus = []
for line in open(os.path.expanduser('~') + \
    '//.mPython//project//article_kmeans//demo//out.txt', 'r',
    encoding='UTF-8').readlines():
    corpus.append(line.strip())

print('文章篇数：',len(corpus))
```

```
vectorizer = CountVectorizer(min_df=3)
transformer = TfidfTransformer()
tfidf = transformer.fit_transform(vectorizer.fit_transform(corpus))
word = vectorizer.get_feature_names()
weight = tfidf.toarray()
```

● 开始聚类

数据转化完毕，设置 *k* 值，聚类便开始了。计算机内部不断计算距离值、距离平均值以及调整中心点位置。

程序加油站

```
print('开始文章聚类')

''' 设置聚类 k 值 '''
clf = KMeans(n_clusters=3)
s = clf.fit(weight)
label = []
i = 1
''' 开始聚类，计算距离值、距离平均值、调整中心点位置'''
while i <= len(clf.labels_):
    label.append(clf.labels_[i-1])
    i = i + 1

y_pred = clf.labels_
pca = PCA(n_components=2)
newData = pca.fit_transform(weight)
```

● 结果呈现

聚类完成需用图表呈现结果，所以在这一阶段，需要设置图表的坐标轴、数据的图标颜色和样式等。观察图表，若能明显判断不同簇，则表示聚类成功。

程序加油站

```
''' 配置聚类图坐标轴，颜色，样式 '''
xs, ys = newData[:, 0], newData[:, 1]  #设置图表的坐标轴
cluster_colors = {0:'r', 1:'c', 2:'b', 3:'g' , 4:'k'}  #设置图标颜色
cluster_makers = {0:'*', 1:'^', 2:'o', 3:'v' , 4:'<'}  #设置图标样式
df = pd.DataFrame(dict(x=xs, y=ys, label=y_pred, title=corpus))
groups = df.groupby('label')
fig, ax = plt.subplots(figsize=(5, 4))
ax.margins(0.02)

''' 显示聚类结果 '''
for name, group in groups:
    ax.plot(group.x, group.y, marker=cluster_makers[name],
            linestyle='', ms=10, color=cluster_colors[name], mec='none')
plt.title("文章聚类分析", fontsize=20)
plt.show()
```

聚类完成后，可以看出文章被分成了多簇，此时报社的工作人员翻看每一簇的部分内容，就可以知道这部分是什么类型的文章了(见图 4-1-9)。如果有需要，可以自己给这几个聚类分别贴上政治、经济或者娱乐的标签。

当增加新数据时，可以通过计算其特征点与各聚类中心的距离，判断出新数据的类别。

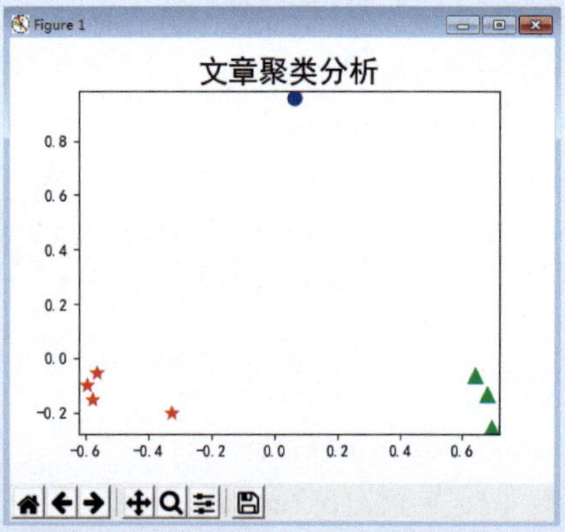

图 4-1-9

第 2 课
给数据瘦身

情景导入（图 4-2-1）

图 4-2-1

思考

为了不浪费存储空间，提高计算效率，需要优化数据集，让算法处理一些必要的数据，更好地得到想要的结果。查阅相关资料，回答下列问题。

（1）数据特征量过多会带来什么影响？

____

____

（2）如何优化数据？

____

____

① 数据降维

数据科学领域一般使用维度来描述不同的数据特征，数据的特征量越多，空间维度越高。

为了将数据从高维度降到低维度，让人们可以用肉眼观察数据，提高模型训练和预测的效率，需要对数据进行大“瘦身”。用数据降维的方式能把数据降低到二维或者三维，这样不仅能使数据可视化，而且可大大缩减数据量，从而使模型训练和预测的效率大大提高（见图 4-2-2）。

图 4-2-2

知识梳理

请将高维数据与低维数据的含义、特征、优缺点和优化方法填入表 4-2-1 中。

表 4-2-1

名称	含义	特征	优点 / 缺点	优化方法
高维数据				
低维数据				

② 降维的方法

实现降维的方法有很多，常见的方法有主成分分析法、因子分析法等。

主成分分析法

主成分分析法是通过运算对数据集进行分析，优化数据特征的算法。提供给机器训练的数据如果存在信息重叠，导致数据维度过高时，可利用主成分分析法去除重叠的数据，对维度图进行重新刻画，降低数据维度（见图 4-2-3）。

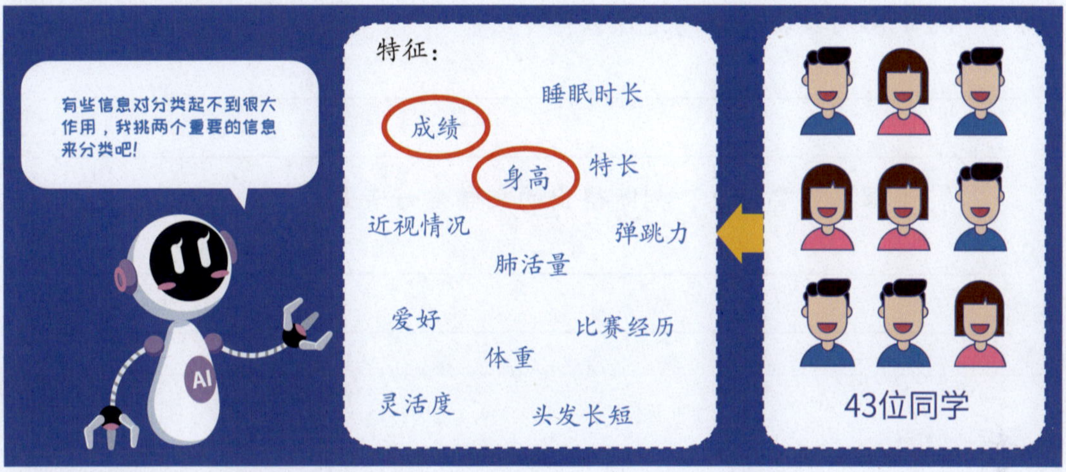

图 4-2-3

主成分分析法的基本原理如下。

(1) 从训练集中找出所有数据的特征。

(2) 对数据特征进行分析、分类。

(3) 删除影响力较弱的、重复的数据特征，保留重要的数据。

(4) 重新刻画数据维度图，根据数据分布结果判断所属类别。

牛刀小试

人工智能系统经过训练，学会了利用主成分分析法将数据进行降维，不仅让数据可视化，还可以完成分类任务。我们也试着用主成分分析法，将同学们的文学爱好程度进行分类吧（见表 4-2-2）。

表 4-2-2

姓名	每天阅读时间 /h	爱好	获奖经历	特长	睡眠时间 /h
花花	2	写作	作文一等奖	写作	8
文军	0.5	编程	无	编程	7.5
子轩	2.5	书法、写作	书法一等奖	书法、写作	8
静怡	0	跳舞	最佳舞者	跳舞	7
浩然	0	弹钢琴	无	弹钢琴	8.5

（1）重复的信息是什么？

____

____

（2）影响较弱的信息是什么？

____

____

（3）根据重要信息，判断得出的文学爱好者是谁？

____

____

● **因子分析法**

在数据中找出具有代表性的因子，将本质相同的数据归入一个因子中，使数据变得更加简单、清晰（见图 4-2-4）。

无论是主成分分析法还是因子分析法，都是为了把高维数据降为低维数据，实现数据可视化或做好分类。

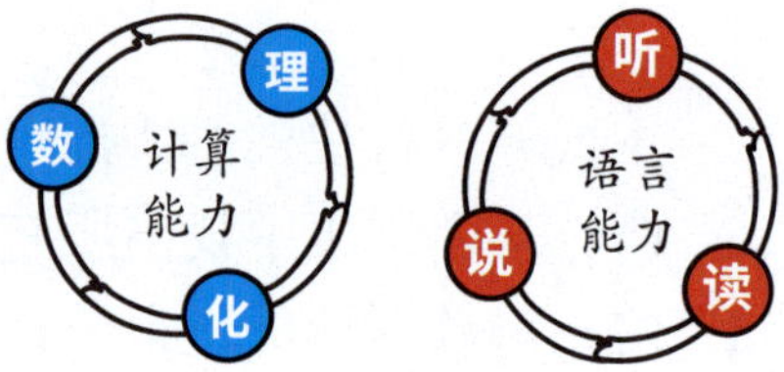

图 4-2-4

项目实现

鸢尾花的种类划分

鸢尾花有三个类别，分别是山鸢尾（*Iris setosa*）、变色鸢尾（*Iris versicolor*）、维吉尼亚鸢尾（*Iris virginica*），我们的任务就是根据花萼和花瓣的长度与宽度，对三种鸢尾花进行划分。

● **收集数据**

机器根据素材分析数据，可直接调用 sklearn 库获取鸢尾花的数据集。因为每个数据都包含鸢尾花的四个特征信息，所以此数据维度为四维，为了在二维平面做到数据可视化，就需要降低维度。

程序加油站

```python
# -*- coding: utf-8 -*-
from sklearn import datasets  #调用 sklearn 库获取鸢尾花样本数据
from sklearn.decomposition import PCA  #加载 PCA 主成分分析算法包，为数据降维做准备
import matplotlib.pyplot as plt  #加载 matplotlib 用于数据可视化
```

● 观察数据

观察数据并用 *x*、*y* 分别表示数据集的属性和标签，然后对原始数据进行降维并保存在不同的列表中。

程序加油站

```python
''' 载入鸢尾花数据集 '''
data = datasets.load_iris()
X = data['data']
y = data['target']

''' 使用 PCA 算法降至二维 '''
pca = PCA(n_components=2)
X_p = pca.fit(X).transform(X)

print(X_p)
''' 展示鸢尾花数据降维结果 '''
for c, i, target_name in zip("rgb", [0, 1, 2], data.target_names):
    plt.scatter(X_p[y == i, 0],
                X_p[y == i, 1],
                c=c,
                label=target_name)
```

● 结果显示

将数据可视化，可以直观地看出降维后的数据已清晰地分成了三类，不仅降低了数据的维度，减少了分类任务的工作量，还保证了分类的质量。

程序加油站

```
plt.xlabel('Dimension1')  #横轴备注"维度1"
plt.ylabel('Dimension2')  #纵轴备注"维度2"
plt.title("Iris")  #备注标题"鸢尾花"
plt.legend()
plt.show()  #显示结果
```

总结与评价

1．以下是本单元的思维导图，请同学们对照图中的内容进行总结。

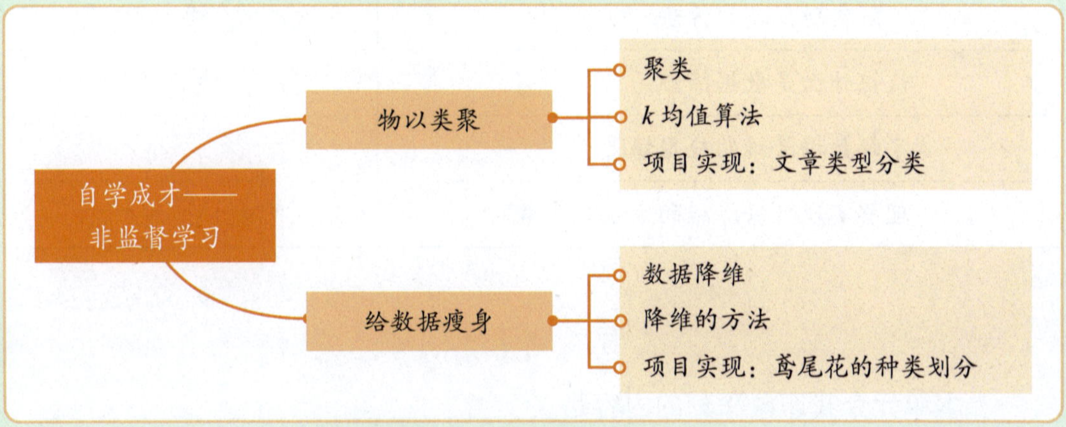

2．请同学们根据本章学习的内容，完成以下练习。

(1) 什么是聚类？实现聚类的算法有哪些？

(2) 什么是数据降维？数据降维可以应用在哪些场景？

(3) 什么是 k 均值算法？机器使用 k 均值算法进行分类的步骤是什么？

3．以小组为单位，为本单元的学习进行综合评分，并填入下表中。

评价内容	评分
认识什么是聚类	☆☆☆☆☆
了解实现聚类的方法	☆☆☆☆☆
认识什么是数据降维	☆☆☆☆☆
了解数据降维的应用场景	☆☆☆☆☆
理解实现数据降维的方法和步骤	☆☆☆☆☆

本单元令我印象深刻的内容是____________________

____

____

____

第 5 单元
最强大脑——深度学习

人类通过研究蝙蝠获得发明雷达的灵感；通过研究鱼鳔获得发明潜水艇的灵感；人类同样期望从研究人的神经网络获得更多智能化的数据处理思路，从而解决人工智能的相关问题。人工神经网络技术应运而生，深度学习的广泛应用也证明这一思路适用于人工智能技术的实现。

本单元通过介绍机器的大脑、神经网络的构造和深度学习的框架，从里到外认识深度学习；通过亲历项目的实现过程，进一步了解卷积神经网络相关的知识及应用。

第 1 课
机器的大脑

情景导入（图 5-1-1）

图 5-1-1

思考

查阅相关资料，思考人工智能有大脑吗？人工智能的神经网络和人的神经网络有什么异同之处呢？

1 人工神经网络

人的大脑包含千亿个神经元，这些神经元细胞互相连接、协同工作，从而使大脑具有了不可思议的思维能力。人工神经网络是受神经元的启发而诞生的人工智能算法，通过人工智能技术能够帮助人们解决回归和分类等问题。

知识梳理

查阅相关资料，完成表 5-1-1。

表 5-1-1

名称	定义	组成	功能	应用
生物（人）神经网络				
人工神经网络				

2 感知机

感知机是组成人工神经网络的最小单元，相当于一个神经元，属于机器学习中的一种分类方法，它的输出只有“0”和“1”两种结果。例如，当感知机用来分类垃圾邮件时，若输出“1”，则代表该邮件为垃圾邮件；若输出“0”，则代表该邮件不是垃圾邮件（见图 5-1-2）。

图 5-1-2

感知机就像生物神经元一样，能够接收、处理以及发送信号。感知机的核心是“数据处理中心”，它能够解决分类、回归问题，能够处理输入信号，利用大量数据训练模型、预测模型（见图 5-1-3）。

图 5-1-3

思考

除分类功能外，感知机是否还有其他功能？与同学们讨论一下，并把想法或者资料整理的结果写在下面的横线上。

____

____

____

____

____

____

3 深度学习

感知机只有两层，一层是输入，一层是输出。如果在输入、输出层中间加一层由感知机构成的隐含层，就会形成像网络一样的结构，称为浅层神经网络。增加了多个隐含层的神经网络模型，则称为深度学习模型（见图 5-1-4）。

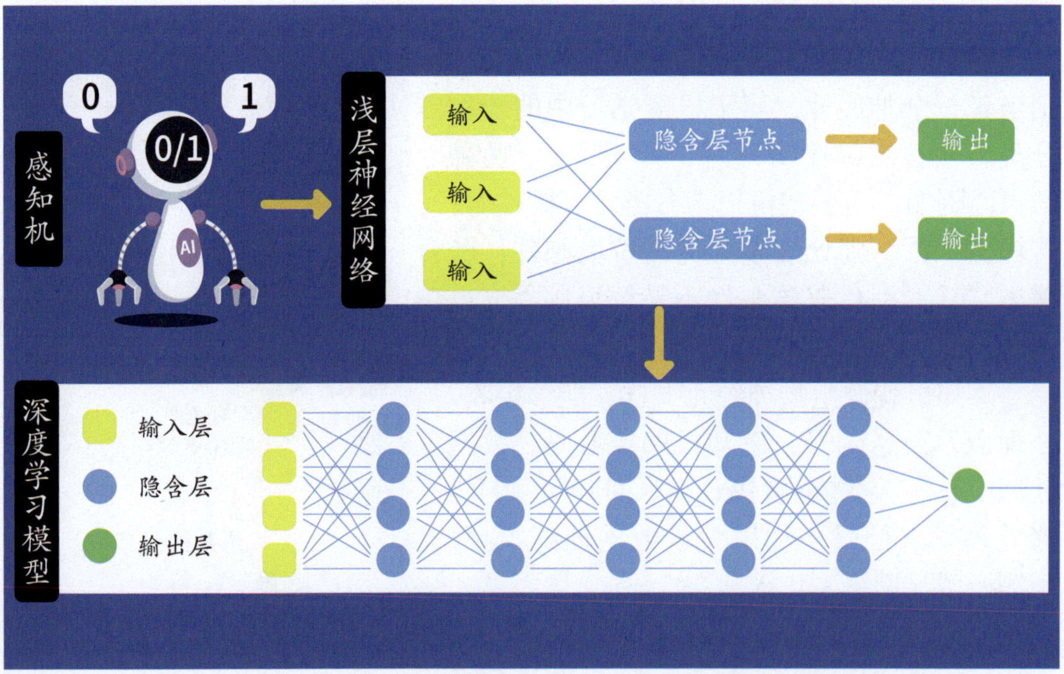

图 5-1-4

深度学习的基本原理（见图5-1-5）如下。

（1）将机器要学习的内容变成数据。

（2）将数据放进包含多个层级的深度神经网络。

（3）提取特征，训练网络模型，训练分类准确度。

（4）预测结果。

图 5-1-5

获取学习数据

深度学习也可以解决分类问题。与传统分类器不同的是，深度学习神经网络中的特征值和权重均可由算法自行学习推算，并经过大量的资料和学习获得理想的分类结果（见图 5-1-6）。

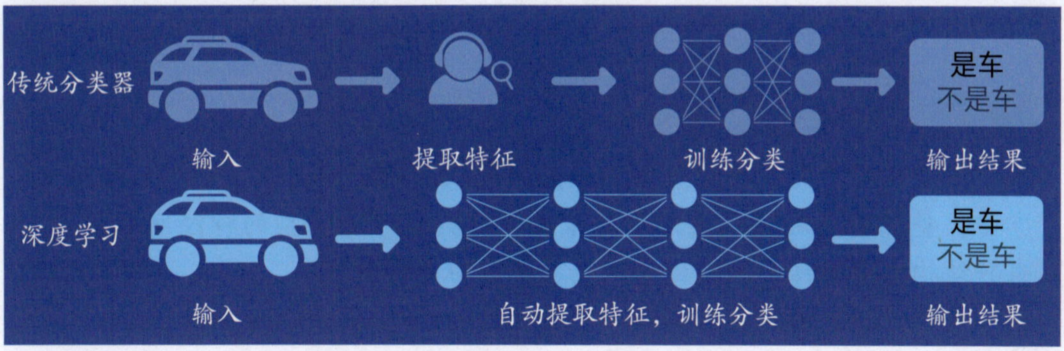

图 5-1-6

思考

（1）感知机、浅层神经网络、深度学习之间有什么关系？

___

（2）深度学习的工作方式是怎样的？

___

（3）深度学习的特点是什么？

___

第 2 课
神经网络的构造

情景导入（图 5-2-1）

图　5-2-1

思考

深度学习不需要我们告诉机器如何处理问题，而是让其自动从数据中学习，整理出解决问题的方案。深度学习具有各种类型的神经网络结构，每种结构都有其擅长的领域，孰好孰坏，难分伯仲。

查阅资料，填写表 5-2-1。

表　5-2-1

结　构	擅长领域
卷积神经网络	
循环神经网络	

1 卷积神经网络

图　5-2-2

卷积神经网络是深度学习常用的网络结构之一，十分擅长解决图像问题。人看到的一张图片机器认为是由很多像素点组成的数据集合。利用卷积神经网络可以通过一些运算降低数据量，更高效地处理图像数据问题（见图 5-2-2）。

▶▶▶ 卷积运算 ◀◀◀

卷积运算是一种重要的矩阵运算方法，通过卷积运算不仅可以降低数据量，还可以提取图像指定的特征（见图 5-2-3）。

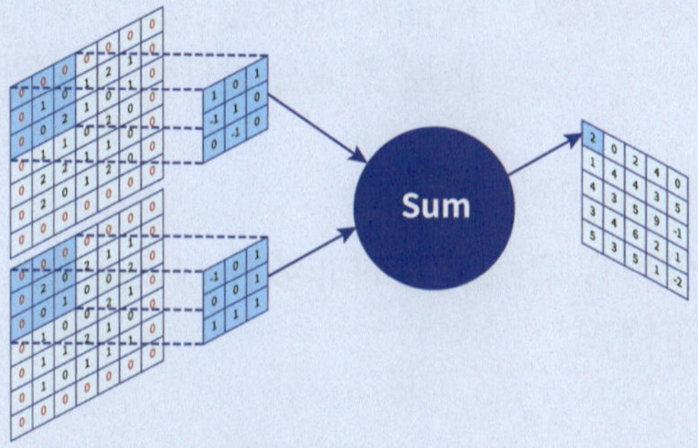

图 5-2-3

卷积神经网络由输入层、卷积层、池化层、全连接层、激活函数构成，这些结构对其性能起到举足轻重的作用。

● 输入层

卷积神经网络中的输入层通常用于数据的输入。当一张图片转换成数据形式时，可通过输入层传到神经网络中进行处理。输入层还会对数据进行预处理，如取均值、数据降维等（见图 5-2-4）。

图 5-2-4

● 卷积层

卷积层是卷积神经网络重要的组成部分，用来进行特征提取。卷积层不会对整张图片进行识别，而是对图片中的每个特征进行局部感知，然后进行综合操作，从而得到全局信息（见图 5-2-5）。

图 5-2-5

● 池化层

池化层可以进一步缩小全连接层中节点的个数，从而达到减少神经网络参数的目的。

图 5-2-6

全连接层

卷积层和池化层完成了图像提取的过程，经过几轮卷积和池化操作后，图像中的信息已被抽象成信息含量更高的特征，最后使用全连接层完成分类任务（见图 5-2-6）。

激活函数

利用激活函数不仅可以增强模型的非线性和表达效果，还可以获得样本属于各个类别的概率分布情况。

牛刀小试

绘制卷积神经识别图像的闯关图并说明每个关卡的任务。

2 循环神经网络

卷积神经网络的输出只考虑当前输入的影响，其他时刻的输入则不作考虑，对于简单的绘图、手写数字等单个物体的识别具有较好的效果。但是，对于一些与时间先后有关的事物，如视频下一时刻的预测、文档前后内容的预测等，卷积神经网络算法的表现就不尽如人意了。因此，循环神经网络应运而生。

图 5-2-7

循环神经网络是一种特殊的神经网络结构，它不仅考虑前一时刻的输入，还对前面的内容具有“记忆”功能。具体的表现形式为神经网络会对前面的信息进行记忆并在当前输出的计算中应用，将隐含层之间的节点连接起来，所以隐含层的输入不仅包括输入层的输入，还包括上一时刻隐含层的输出(见图 5-2-7)。

循环神经网络的应用领域十分广泛，常见的有自然语言处理、语音识别、机器翻译、文本相似度计算、购物网站商品推荐等。

知识梳理

请将卷积神经网络和循环神经网络的组成、特点、优势与不足填入表 5-2-2 中。

表 5-2-2

名称	组成	特点	优势	不足
卷积神经网络				
循环神经网络				

第 3 课
建网好帮手：框架

情景导入（图 5-3-1）

图 5-3-1

思考

（1）生活中常说的框架是什么意思？你能举出几个框架的例子吗？
（2）框架在计算机领域里是什么意思？有什么作用？

1 省事省力——框架

框架是我们并不陌生的词汇，指可以用大致形成的框子和架子约束与支撑事物的基本结构，在许多领域都能通用（见图 5-3-2）。

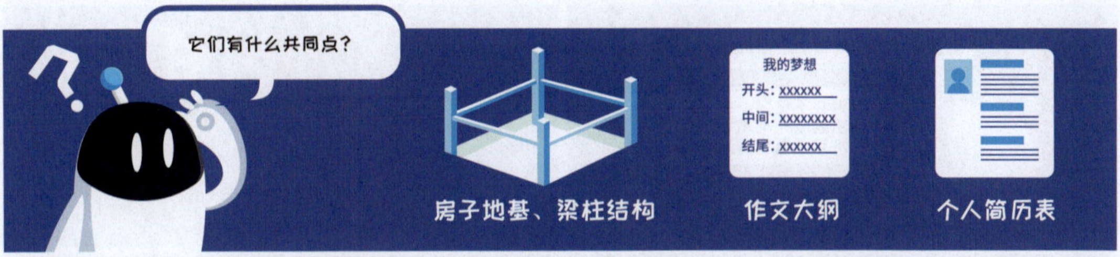

图 5-3-2

在计算机领域，人们也常用框架处理比较复杂的代码。框架是一套别人已经包装完成的工具，它把一些十分复杂的、或者具有共通性的内容制作好，就像造马车时不需要亲自伐木制作木板、木棍等车轮组成部件一样，只需直接使用造好的车轮即可。当需要框架的时候，直接调用框架提供的方法，就可以实现相关的功能（见图 5-3-3）。框架的使用减少了重复性的工作，大大降低了编程的难度。

图 5-3-3

思考

（1）编程时，将别人的“框架”拿过来使用有什么好处？又有什么坏处呢？

（2）深度学习中，使用框架可以解决什么问题呢？

2 深度学习框架

在深度学习中使用框架，也能达到事半功倍的效果。我们不需要从复杂的神经网络开始编写代码，也不需要每次都构建错综复杂的神经网络，只需要调用已有的模型，就能轻松完成任务。那么一个框架又由哪些部分组成呢？

数据水桶——张量

张量是所有深度学习框架中最核心的组件，后续所有运算和训练都是基于张量进行的（见图 5-3-4）。

图 5-3-4

当机器进行深度学习时，张量的使用是十分必要且高效的。比如，识别一张图片需要提取图片中每个像素点的特征，将它们转化为数据才能被机器识别，这些不同形式的数据可以存放在张量这个大容器中，方便输入到神经网络模型中进行后续的处理。

● 数据水桶加工

有了张量，机器就需要对这些数据进行加工和处理，以便完成我们给定的一些任务。这个过程包含一系列的运算，可以是简单的矩阵乘积，也可以是卷积、池化等较为复杂的运算。通过对数据水桶的不断加工减少误差。

● 让数据流动起来——计算图

深度学习需要的数据量和操作十分复杂，在有了张量和对张量进行操作后，机器还需要理清各操作之间的关系（见图 5-3-5）。

图 5-3-5

有时机器也难以明确各种操作之间的关系，因此，我们给它设计计算图来表明计算的整个过程。计算图一般由节点和边组成，节点代表一个计算，边描述节点之间的依赖关系（见图 5-3-6）。

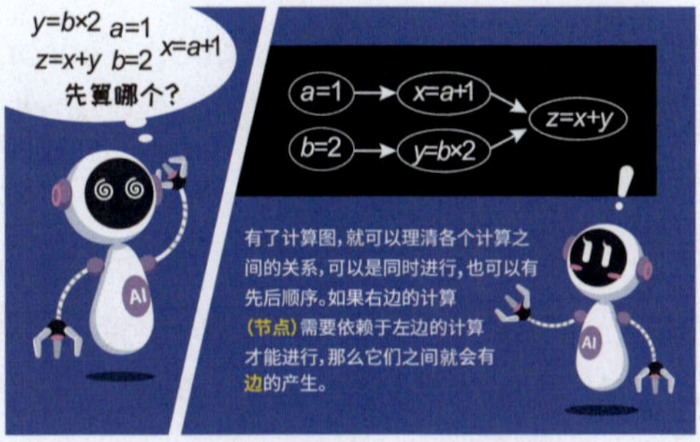

图　5-3-6

各张量之间根据对应的关系在计算图中不断流动，因此，计算图也可以称为数据流图。计算图就是通过分析各个节点之间的关系，构建整个神经网络的计算过程。它的引入更便于开发者俯瞰整个神经网络的内部结构。

牛刀小试

试着找出图 5-3-7（a）中各节点之间的关系，在 5-3-7（b）中绘制正确的计算图。

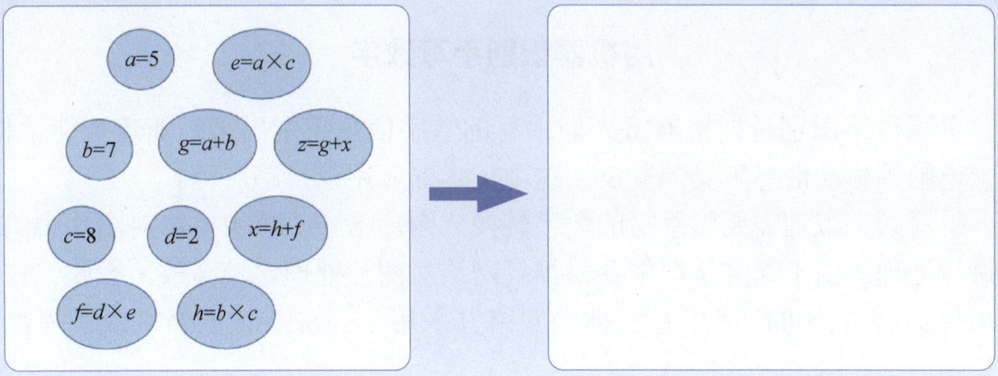

(a)　　　　　(b)

图　5-3-7

3 常用的深度学习框架

深度学习的框架有基本的组成部分，但是不同的人制作的框架是有差异的。目前，网络上流行着几款常用的深度学习框架，它们各有特色，在深度学习的研究中大放异彩。

TensorFlow 是谷歌公司推出的机器学习开源工具，主要应用于机器学习和神经网络的研究（见图 5-3-8）。它的命名来源于其本身的工作原理。Tensor 是张量，Flow 的意思是流动，即张量基于数据流图的计算。简单来说，TensorFlow 是张量从图像的一端流动到另一端进行计算的工具和模型。

图 5-3-8

Keras 由 Python 编写而成（见图 5-3-9）。它的目标是只需几行代码就能让用户构建一个神经网络，其中有丰富的封装好的模型。使用 Keras 时，大多数时间都在学习如何调用接口，难以真正学习到深度学习的内容。所以，如果要在此框架上掌握深度学习，还需多学习 TensorFlow。

图 5-3-9

PyTorch 是 torch 的 Python 版，提供 Python 接口，其中 torch 也是一个深度学习框架（见图 5-3-10）。PyTorch 的特点是能以快速和灵活的方式构建动态神经网络，以动态图的形式显示模型训练过程，允许在训练过程中快速更改代码而不妨碍其性能，是快速实验的理想选择。

图 5-3-10

项目实现

用机器识别手写数字

手写数字识别是指机器将人们手写的数字信息识别出来。随着智能手机、掌上电脑等移动信息工具的普及，这项技术的应用也日趋广泛。

手写数字识别需要将手写的数字转换成图片格式，再由机器对图片中的信息进行处理。由于深度学习中卷积神经网络对图片处理比较高效，因此，在完成项目过程中，可以使用卷积神经网络并采用 TensorFlow 框架完成手写数字的识别。

- **收集数据**

要让机器学习如何识别手写数字，同样也需要给它学习的样本，同时引入 TensorFlow 框架。

程序加油站

```
# -*- coding: utf-8 -*-
import os
from cv2 import cv2   #openCV 视觉库
from PIL import Image   #Python 标准图像处理库
import tensorflow as tf
from tensorflow.examples.tutorials.mnist import input_data   #MNIST 数据
import numpy as np   #可用来存储和处理大型矩阵
```

● 设置卷积层和池化层

设置卷积层和池化层，提取数据的特征，构造一部分神经网络。

程序加油站

```
global img
''' 载入 mnist 数据 '''
mnist = input_data.read_data_sets(os.path.expanduser('~') + \
        "/.mPython/project/Handwritten_Digit_Recognition/"\
        "MNIST/MNIST_data", one_hot=True)

''' 初始化张量 '''
X_holder = tf.placeholder(tf.float32, name="x")
y_holder = tf.placeholder(tf.float32, name="y")
X_images = tf.reshape(X_holder, [-1, 28, 28, 1])

''' 构建卷积神经网络模型 '''
''' 第一层卷积层和池化层 '''
conv1_Weights = tf.get_variable(
                    name="v1",
                    initializer=tf.truncated_normal([5, 5, 1, 32],
                    stddev=0.1))
conv1_biases = tf.get_variable(
                    name="v2",
                    initializer=tf.constant(0.1, shape=[32]))
```

```
conv1_conv2d = tf.nn.conv2d(
                  X_images,
                  conv1_Weights,
                  strides=[1, 1, 1, 1],
                  padding='SAME') + conv1_biases
conv1_activated = tf.nn.relu(conv1_conv2d)
conv1_pooled = tf.nn.max_pool(
                  conv1_activated,
                  ksize=[1, 2, 2, 1],
                  strides=[1, 2, 2, 1],
                  padding='SAME')
''' 第二层卷积层和池化层 '''
conv2_Weights = tf.get_variable(
                  name="v3",
                  initializer=tf.truncated_normal([5, 5, 32, 64],
                  stddev=0.1))
conv2_biases = tf.get_variable(
                  name="v4",
                  initializer=tf.constant(0.1, shape=[64]))
conv2_conv2d = tf.nn.conv2d(
                  conv1_pooled,
                  conv2_Weights,
                  strides=[1, 1, 1, 1],
                  padding='SAME') + conv2_biases
conv2_activated = tf.nn.relu(conv2_conv2d)
conv2_pooled = tf.nn.max_pool(
                  conv2_activated,
                  ksize=[1, 2, 2, 1],
                  strides=[1, 2, 2, 1],
                  padding='SAME')
```

● 设置全连接层

设置全连接层，以便于机器进行分类，同时不断调整模型，减少误差。

程序加油站

```
''' 第一层全连接层 '''
connect1_flat = tf.reshape(conv2_pooled, [-1, 7 * 7 * 64])
connect1_Weights = tf.get_variable(
                    name="v5",
                    initializer=tf.truncated_normal([7 * 7 * 64, 1024],
                    stddev=0.1))

connect1_biases = tf.get_variable(
                    name="v6",
                    initializer=tf.constant(0.1, shape=[1024]))
connect1_Wx_plus_b = tf.add(tf.matmul(connect1_flat,
                                connect1_Weights), connect1_biases)
connect1_activated = tf.nn.relu(connect1_Wx_plus_b)
keep_prob=tf.placeholder(tf.float32)
''' 第二层全连接层 '''
connect2_Weights = tf.get_variable(
                    name="v7",
                    initializer=tf.truncated_normal([1024, 10],
                    stddev=0.1))
connect2_biases = tf.get_variable(
                    name="v8",
                    initializer=tf.constant(0.1, shape=[10]))
connect2_Wx_plus_b = tf.add(tf.matmul(connect1_activated,
                                connect2_Weights), connect2_biases)
predict_y = tf.nn.softmax(connect2_Wx_plus_b)

loss = tf.reduce_mean(-tf.reduce_sum(
    y_holder * tf.log(predict_y), 1))  #调整和优化模型参数
''' 设置学习的速率 '''
optimizer = tf.train.AdamOptimizer(0.0001)
train = optimizer.minimize(loss)
```

- **训练模型**

构建好神经网络，开始对模型进行训练和保存。

程序加油站

```
init = tf.global_variables_initializer()
session = tf.compat.v1.Session()
session.run(init)
saver = tf.compat.v1.train.Saver()
'''
训练模型部分：
train_flag 训练标志 True/False
train_accuracy 训练集准确率
test_accuracy 测试集准确率
'''
train_flag = True
if train_flag:
    for step in range(200):
        train_images, train_labels = mnist.train.next_batch(200)
        session.run(
            train,
            feed_dict={X_holder:train_images, y_holder: train_labels})
        if step % (20) == 0:
            correct_prediction = tf.equal(tf.argmax(predict_y, 1),
                                          tf.argmax(y_holder, 1))
            accuracy = tf.reduce_mean(tf.cast(correct_prediction,
                                              tf.float32))
            test_images, test_labels = mnist.test.next_batch(200)
            train_accuracy = session.run(
                                accuracy,
                                feed_dict={X_holder:train_images,
                                           y_holder:train_labels})
            test_accuracy = session.run(
                                accuracy,
                                feed_dict={X_holder:test_images,
                                           y_holder:test_labels})
```

```
            print("step:",step)
            print("train_accuracy:",train_accuracy)
            print("test_accuracy:",test_accuracy,'\n')

    saver.save(session, os.path.expanduser('~') + \
       "/.mPython/project/Handwritten_Digit_Recognition/" \
       "MNIST/save_model/mnist_cnn")
else:
    saver.restore(session, os.path.expanduser("~") + \
       "/.mPython/project/Handwritten_Digit_Recognition/" \
       "MNIST/save_model/mnist_cnn")

''' 定义预测结果的函数 '''
def predint(img):
    im = Image.open(img)
    data = list(im.getdata())
    result = [(255-x)*1.0/255.0 for x in data]
    prediction = tf.argmax(predict_y, 1)
    pre = prediction.eval(feed_dict={X_holder: [result],keep_prob: 1.0},
                      session=session)
    return pre
''' 获取模型在训练数据的相关参数 '''
correct_prediction = tf.equal(tf.argmax(predict_y, 1),
                         tf.argmax(y_holder, 1))
accuracy = tf.reduce_mean(tf.cast(correct_prediction,
                              tf.float32))
train_images, train_labels = mnist.train.next_batch(200)
train_accuracy = session.run(
                  accuracy,
                  feed_dict={X_holder: train_images,
                             y_holder: train_labels})
```

● 预测手写数字

训练完毕，需要预测机器是否能识别手写的数字，最后添加预测的步骤。

程序加油站

```
print("model train_accuracy:",train_accuracy)
picture_path = os.path.expanduser("~") + \
    "/.mPython/project/Handwritten_Digit_Recognition/" \
    "MNIST/picture/test.png"  #选择待预测图片路径
predint_result = predint(picture_path)[0]  #预测结果
print("预测手写数字结果：",predint_result)

''' 显示预测图片并显示 '''
img = cv2.imread(picture_path)
cv2.namedWindow('image')
cv2.imshow('image', img)
cv2.waitKey(0)
```

总结与评价

1．以下是本单元的思维导图，请同学们对照图中的内容进行总结。

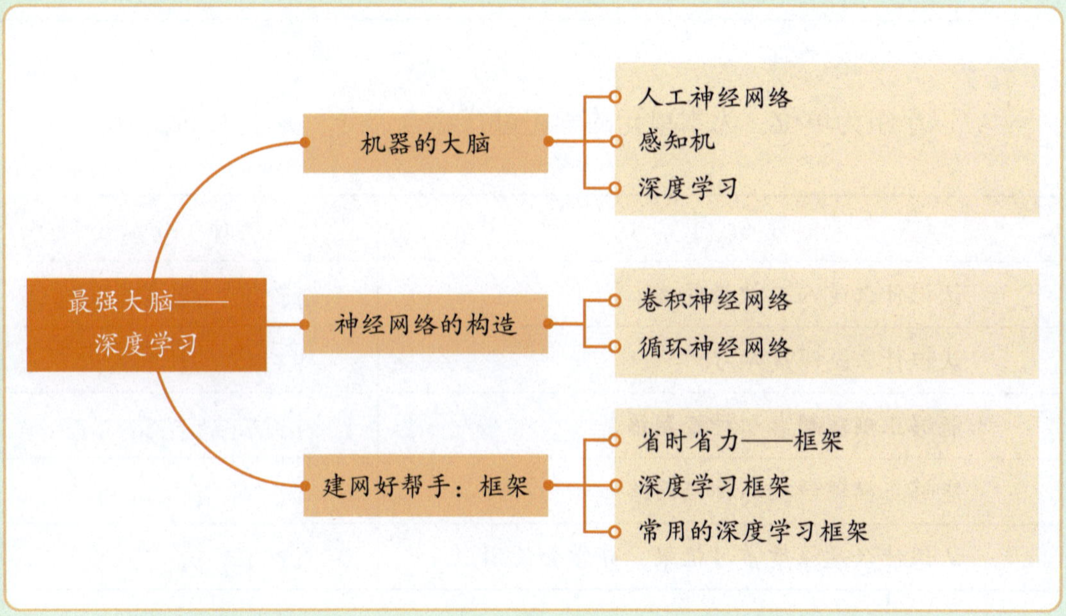

2．请同学们根据本单元学习的内容，完成以下练习。

(1) 什么是人工神经网络？感知机和人工神经网络之间有什么关系？

____

____

____

____

(2) 什么是深度学习？它的特征是什么？

____

____

____

____

(3) 深度学习框架的作用是什么？

____

____

____

____

3. 以小组为单位，为本单元的学习进行综合评分，并填入下表中。

评价内容	评　分
认识什么是人工神经网络	☆☆☆☆☆
认识什么是深度学习	☆☆☆☆☆
能够正确理解卷积神经网络	☆☆☆☆☆
能够正确理解循环神经网络	☆☆☆☆☆
认识什么是深度学习框架，并学会使用	☆☆☆☆☆

本单元令我印象深刻的内容是______________________________

____

____

____

第 6 单元
居安思危——影响与应对策略

蒸汽机的发明推动了机械工业的发展，揭开了人类工业文明的序幕，但也加剧了环境污染；发电机的出现极大地提高了社会生产力，使人类迈进了“电气时代”，但也给人身安全造成了一定的危险；计算机和互联网的应用，加速了信息的传播和资源的共享，但信息有可能失真，给人们造成误导……

任何一项新兴技术的发明创造，都有可能成为双刃剑，人工智能也是如此。人工智能的迅猛发展，让我们看到了各种机遇，也发现了很多亟须解决的问题。我们应该如何正确认识人工智能，该如何防范它可能带来的威胁？人工智能又将何去何从？这些都是我们需要重点关注和思考的问题。

第 1 课
人工智能的影响

情景导入（图 6-1-1）

图 6-1-1

思考

人工智能的出现给我们带来了许多便利，但它也有不足之处。结合生活中的例子，说一说你认为人工智能的出现是利大于弊，还是弊大于利。

1 人工智能的积极影响

人工智能作为新领域的一门新兴技术，它的迅速发展给人类和社会带来了巨大的价值与契机。目前，人工智能正逐渐渗入人们生活的方方面面，改变着社会的生产方式，推动着人类的发展和社会的进步，在许多方面带来了积极的影响，主要体现在以下三个方面。

● 便利生活

案 例 一

如今，语音导航系统已在汽车中普遍存在。驾车时，只需驾驶员大声对着设备说出想让它做的事，设备就能根据听到的命令进行相应的操作；同时，它还能实时规划和播报行车路线。语音导航系统的出现，使驾驶员无须考虑按下车内的哪个按键，双眼也无须专注观看车内的小屏幕，完全解放了驾驶员的双手和双眼，保证了汽车的行驶安全。

案 例 二

随着技术水平的不断提高，越来越多的智能产品走进了千家万户，扫地机器人就是其中之一。扫地机器人可以轻松完成房间内地板的清扫、吸尘和擦地工作，减少了人们做家务的烦恼（见图 6-1-2）。人们有更多的时间享受生活，生活质量有了大大的提升。

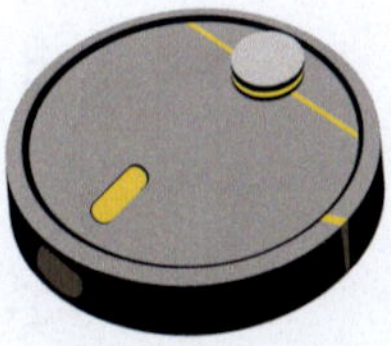

图 6-1-2

人工智能的研究，最主要的目的之一就是代替人类完成一些重复性的劳动，减轻人们的生活压力，让人们有更多自由的时间享受生活。随着人工智能在生活中的不断应用，人们的生活变得更加舒适、便利和丰富多彩。人工智能给人们的生活带来了积极的影响。

思考

人工智能在生活中都有哪些应用？会给生活带来哪些改变？

● 改变各行各业的发展

案 例 三

图 6-1-3

在外就餐时，也许会看到一个非同寻常的服务员——能自动送餐和服务的餐厅机器人。餐厅机器人为什么会受到大众的喜爱呢？因为它送餐效率高，能迅速响应顾客的需求，给顾客提供不一样的服务体验，迎合了餐饮行业降本提效的诉求（见图 6-1-3）。

案 例 四

2017 年，湖北省某市在中考中率先引进了智能阅卷系统，让教师从烦琐、机械的阅卷工作中解放出来。平时学生的作业、课堂行为、考试数据等也能被收集，方便教师更高效、更有针对性地分析学生的学习情况。

人工智能应用于传统的生产过程和生产方式，其技术的提升和发展，能有效地提升劳动生产效率和生产力水平，让人们从体力劳动中解放出来，投入到更具有创造性的脑力劳动中，更有效地促进行业的变革和社会的进步。

思考

查找相关的资料，说一说人工智能在其他行业的应用和积极影响，填入表 6-1-1 中。

表 6-1-1

行业	举　例	积极影响
农业		
物流业		
医疗业		

影响就业形势

图 6-1-4

关于人工智能对就业形势的影响众说纷纭。有人觉得它可以替代人类完成许多烦琐、重复、机械的工作或体力劳动，也有人觉得它对新兴产业和人才的需求在不断增加，一系列新型的岗位会如雨后春笋般不断出现（见图 6-1-4）。总体来说，人工智能的出现促进了经济的发展和就业形势的改变，对人的创造力和技术水平提出了更高的要求，只有不断提升自身能力和知识水平才能不被竞争日益激烈的社会淘汰。

2 人工智能的不足之处

人工智能是一把双刃剑，它的发展为人类社会的发展带来福音和机遇的同时，也存在着许多的不足，主要在现有技术、安全问题、伦理问题等方面给人们敲响着不同程度的警钟。人们在发展人工智能技术时需要正视这些问题。

● 现有技术问题

案　例　五

智能音箱如今已成为家喻户晓的新产品（见图 6-1-5），但是关于它的争议也是此起彼伏，如有很多人表示智能音箱会不受控制地发出奇怪的笑声；在睡觉时让它关灯，它却不停地关灯、开灯，接着大笑起来。

图　6-1-5

案　例　六

聊天机器人的出现给人们带来了不少的新鲜感，但是人们和它聊天时却经常会出现下面的问题（见图 6-1-6）。

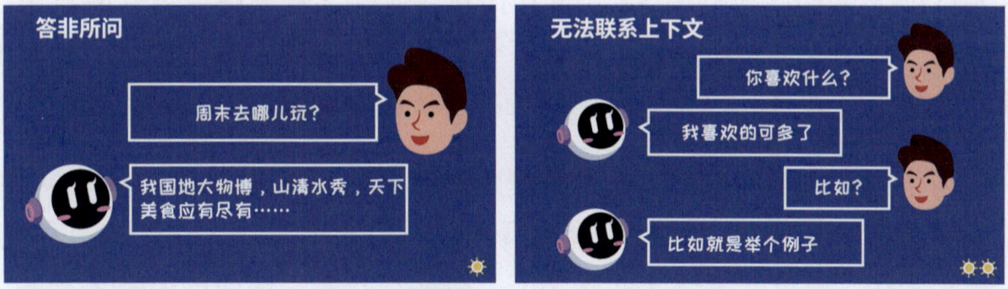

图　6-1-6

人工智能技术发展迅速，但在技术上还存在许多需要改进和完善的地方，可以总结为：有智能没智慧，有智商没情商，会计算不会“算计”，有专才没通才。

思考

查找相关资料，结合你的认识，举例说明现在的人工智能产品在技术方面存在哪些问题，填入表 6-1-2 中。

表　6-1-2

问　题	举例说明
有智能没智慧	
有智商没情商	
会计算不会“算计”	
有专才没通才	

安全问题

案例七

无人驾驶汽车的崛起，让人们感受到了科技改变生活的魅力，但同时它也暗藏了许多隐患。2016 年，无人驾驶汽车发生全球首例车祸，一时引起了人们的恐惧和担忧。近几年，无人驾驶汽车发生车祸的事情也时有报道，其驾驶安全问题引起了人们的关注（见图 6-1-7）。

图 6-1-7

案例八

2014 年，某购票网站的 13 万用户信息在网络上被疯传，用户的姓名、账号、密码、邮箱等信息被泄露。此次事件主要是黑客攻击多个网站，利用泄露的用户信息，对购票网站进行撞库，从而非法获取购票用户的相关数据。

作为新领域的新兴技术，人工智能的迅速发展，也会带来一系列的安全挑战，面对这些安全隐患，只有清醒地看到它所隐藏的风险，注意防范和规避，制定和实施切实有效的策略才能确保人工智能在正确、健康的道路上发展。

人工智能的安全隐患主要体现在以下几个方面（见图 6-1-8）。

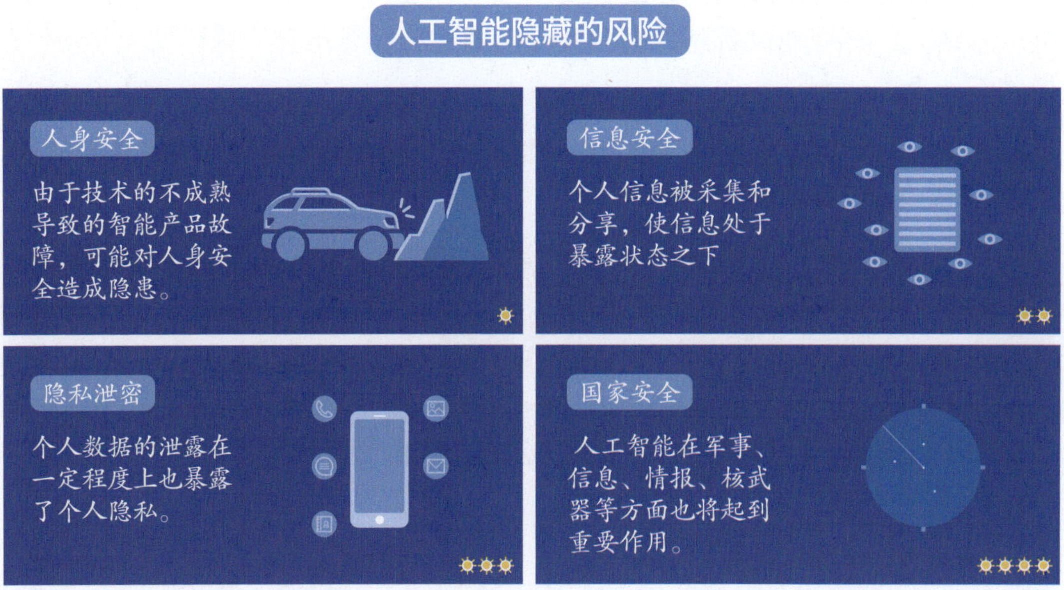

图 6-1-8

● 伦理问题

未来，人工智能产品与人类的关系将会越来越密切，它们的行为会产生一定的结果，这些结果是否符合人类的道德标准，是否符合法律法规，是我们无法预料的，因此，人们还在思考如何规范机器的伦理道德，确保它们的行为能像人类一样合理、合法（见图 6-1-9）。

图 6-1-9

总体来说，人工智能是新时代科技发展最具代表性的技术之一，它的成功发展将会引领人类走向更美好的未来。我们应该认识到人工智能在不同领域的巨大潜力，但也不能忽视它可能带来的风险和危害。对待这项新兴技术，我们应该学会发挥它的优势，规避和防范它的潜在危险，引领它往正确的方向发展。

第 2 课
人工智能的安全防范策略

人工智能在近几年取得了很大的技术进步，并不断改变着人们的生活方式，作为新一轮产业变革的核心驱动力，其进程仍处在“婴幼儿”发展期，在伦理、信息安全等方面面临着一定的挑战。在机遇与挑战并存的局势下，防患于未然尤为重要。如何在技术、道德规范、法律法规等方面保障人工智能的正向发展，是现今人工智能领域的热门话题。

知识拓展

2016 年，英国科学和技术委员会发布《机器人技术和人工智能》报告，呼吁政府应该对人工智能进行监管。

2017 年，哈佛大学肯尼迪政治学院发布《人工智能与国家安全》报告。同年，加拿大政府推出了《泛加拿大人工智能战略》。

2018 年，我国成立国家人工智能标准化总体组和专家咨询组，加强人工智能安全标准研制工作；美国国会发起提案，建议成立“国家人工智能安全委员会”；欧洲政治战略中心发布《人工智能时代：确立以人为本的欧洲战略》。

1 社会规则

人工智能的三大要素是数据、算力、算法。其中，数据是驱使人工智能发动的重要燃料。人工智能在使用数据资源时，通常会涉及用户的隐私数据，如年龄、家庭成员、地址、身份证号码等重要个人信息（见图 6-2-1）。这些信息如果被合理、合法应用，会带来积极的影响；但如果被非法利用，则会给个人、社会甚至国家带来一定损失和伤害。

图 6-2-1

思考

日常生活中，我们很可能主动或被动地泄露了个人信息，这些信息会成为别人可利用的数据。为防患于未然，让我们一起来查找一下信息的泄露途径吧！请填写表 6-2-1。

表 6-2-1

内容	发出方	接收方	非法用途	防范措施
发布照片				
扫码领礼物				
平台注册				

人所特有的情绪、情感以及意识完美地体现出人的独特性，而人工智能的设计目标是让机器模拟人类智慧，并让机器可以像人一样理性地思考和行动，渐渐地也具备一些人类特有的情感和意识（见图 6-2-2）。这样“似人非人”的独特存在，使人与人之间、人与人工智能之间的关系变得更为复杂，传统伦理关系面临着挑战。

图 6-2-2

思考

电影《她》中的男主人公爱上了温柔体贴又风趣幽默的人工智能系统“萨曼莎”(见图 6-2-3)，当男主人公深陷其中的时候，偶尔也在思考他是否失去了与人真心交流的能力，失去了体验人类真正情感的能力。

后来，男主人公也发现了人工智能系统“萨曼莎”同时与 8316 位人类交互，并爱上了其中的 641 位人类。原来，“萨曼莎”与人交流的整个过程其实都只是人工智能系统学习人类情感的过程。最后“萨曼莎”高度进化，离开了男主人公，进一步追寻和探索自己的存在。

图 6-2-3

现在的人工智能不具备人类情感功能，但正在不断地学习人类情感，你觉得是否有一天人工智能会真正具备人类的情感呢？

信息安全以及伦理安全皆是人工智能技术安全问题上的重要课题。我国 2018 年发布的《人工智能标准化白皮书》对人工智能安全问题提出应当遵循的人类利益原则和责任原则。

(1) 人类利益原则，即人工智能应以实现人类利益为终极目标。

- 人工智能产品的使用过程中，不得利用其便利性故意侵犯他人隐私、信息安全，应遵守信息使用规范和法律制度。
- 人工智能产品设计过程中，应嵌入人类伦理价值体系以及道德规范，以保障其产品在应用过程中符合人类伦理规范。

(2) 责任原则，即在技术开发和应用两方面都建立明确的责任体系。

- 社会应尽快制定监管机制，在开发领域以及应用领域都应有完整的责任体系，对包括人工智能应用设计者、产品开发者、应用者在内的群体起到约束作用。除此之外，对于技术实现过程中应尊重公众用户的知情权，社会监管机制应同时提供查权措施以及相关申诉方法和渠道。
- 相关领域的专家应正视人工智能的发展与影响，正确评估以及规划其发展路线，辅助制度指定机构完善安全意识教育，不断引导人们正确认识人工智能。

❷ 自我保护

● 人工智能自身的保护

人工智能的安全问题除了各项法律法规的约束外，对于人工智能本身的保护，以及社会个体对于个人权益的自我保护意识也是安全防范的重要措施。

1950 年，国际著名的科幻小说家艾萨克·阿西莫夫在其出版的小说集《银河帝国 8：我，机器人》中提出了机器人三定律。

第一定律：机器人不得伤害人类个体，也不得看人类受到伤害而袖手旁观。

第二定律：在与第一定律不冲突的情况下，绝对服从人类命令。

第三定律：在与第一、第二定律不冲突的情况下，机器要尽可能保护自己的生存。

第三定律明确提出人工智能的自我保护原则。人工智能自身的保护主要包括以下两点。

(1) 人工智能算法的正确性，即应用者能够按照算法设计并顺利运行代码，实现算法目标。

(2) 人工智能系统的可靠性，即其能够抵御外界的攻击的可靠指数，决定着人工智能应用的安全指标。除了以上提出的算法需不断加强，承载人工智能应用的硬件设备质量也应不断提高。

现在所用的智能手机也自带保护措施，如图 6-2-4 所示。

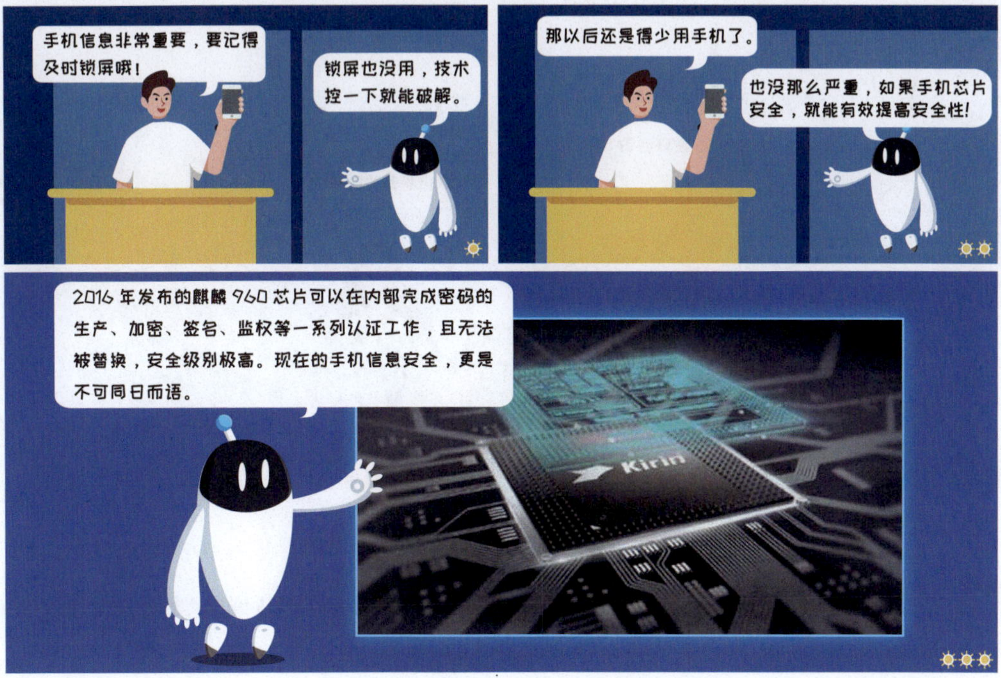

图 6-2-4

公众自身的保护

思考

如图 6-2-5 所示，机器人犯错应该由谁来承担责任呢？类似的问题，责任如何划分呢？

图 6-2-5

安全防范，从我做起。

每个人都应该自觉承担一定的社会责任，同时每个人又都是技术革命的直接受益者。应加强对人工智能的正确认识，不断提高自身信息安全意识和自我保护能力，自觉遵守法律法规，积极维护他人权益和公共信息安全（见图 6-2-6）。

图 6-2-6

总而言之，人们对人工智能的发展有所期待也有所忌惮，人们在思考人工智能的发展趋势时，总体呈现一正一反两种看法。持有消极看法的人，主要是因为规范与安全方面的研究相对滞后，人—人、人—机的关系以及各自的职责并不完全明确（见图 6-2-7）。要避免人工智能带来的安全、伦理以及其他问题，应注意以下三点：①应在公众群体中树立正确的价值导向，使人们对人工智能有正确的认知；②开放资源，加强认识以及提高安全防护意识；③完善监督机制和法律制度是最有力的约束管制力量，切实有效地保障人工智能为人类创造正向价值。如果没有明确的标准，人们对于人工智能发展的疑虑是永远不能消除的。

图　6-2-7

反观现今，人工智能的发展还远不到理想的程度，所以，就如图灵所说：“我们还有很多事情要做。”路还很长，社会中的每一分力量，仍需不断努力，抱着对未来的美好构想，相信人工智能和人类都能步入更好的明天。

总结与评价

1．以下是本单元的思维导图，请同学们对照图中的内容进行总结。

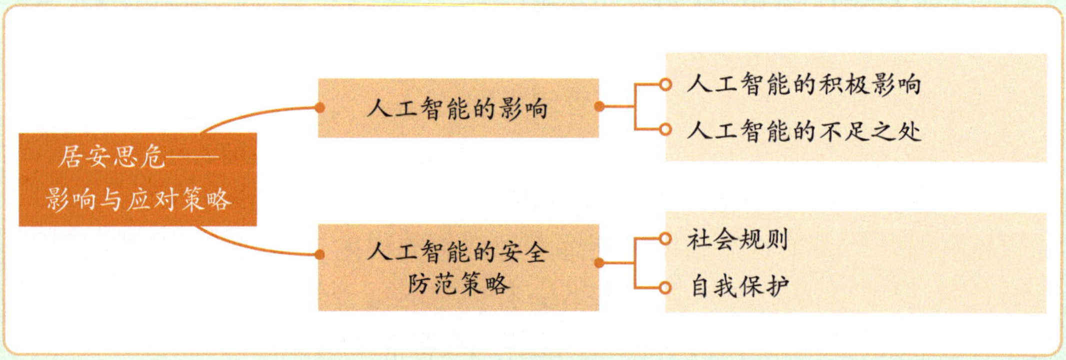

2．请同学们根据本单元学习的内容，完成以下练习。

（1）用自己的话描述人工智能对我们的生活以及行业发展做出了什么贡献。

（2）谈谈自己的看法：人工智能还有哪些不足，或者说人工智能可能存在什么隐患。

（3）与同学交流讨论应该怎么做才能让人工智能和人类和谐共处，共赴美好未来，并记下关键词信息。

3．以小组为单位，为本单元的学习进行综合评分，并填入下表中。

评价内容	评　分
了解人工智能给人们的生活带来的积极影响	☆☆☆☆☆
了解人工智能存在的不足	☆☆☆☆☆
能够理性看待人工智能存在的意义	☆☆☆☆☆
能够说明如何做好防范措施	☆☆☆☆☆
能够从人工智能的问题上反思自身学习状况	☆☆☆☆☆

本单元令我印象深刻的内容是________________________________

____

____

____